현지에서 바로 먹히는

나의 첫 **여행**
태국어

THAI

교재기획팀 · 옹지인 지음

동양북스

초판 1쇄 발행 | 2018년 9월 10일
초판 2쇄 발행 | 2020년 1월 5일

지은이 | 교재기획팀 · 옹지인
발행인 | 김태웅
편집장 | 강석기
책임편집 | 권민서, 김효수
디자인 | 원더랜드(Wonderland)
일러스트 | 김희경
마케팅 총괄 | 나재승
마케팅 | 서재욱, 김귀찬, 오승수, 조경현, 양수아
온라인 마케팅 | 김철영, 양윤모
제 작 | 현대순
총 무 | 김진영, 안서현, 최여진, 강아담
관 리 | 김훈희, 이국희, 김승훈

발행처 | (주)동양북스
등 록 | 제 2014-000055호(2014년 2월 7일)
주 소 | 서울시 마포구 동교로22길 14(04030)
전 화 | (02)337-1737
팩 스 | (02)334-6624

http://www.dongyangbooks.com

ISBN 979-11-5768-428-1 13730

이 도서의 국립중앙도서관 출판예정도서목록(CIP)은 서지정보유통지원시스템 홈페이지(http://seoji.nl.go.kr)와
국가자료공동목록시스템(http://www.nl.go.kr/kolisnet)에서 이용하실 수 있습니다.
(CIP제어번호:CIP2018026493)

การเดินทางทำให้คนรู้จักการถ่อมตน
เพราะจะทำให้คุณตระหนักได้ว่า
พื้นที่ที่คุณอาศัยอยู่นั้นแคบเพียงใดในโลกใบนี้

여행은 인간을 겸손하게 만들어요.
당신이 살고 있는 곳이 이 세상에서 얼마나 작은지를 알게 해주거든요.

โลกใบนี้เปรียบเสมือนหนังสือเล่มหนึ่ง
ดังนั้นผู้ที่ยังไม่เคยเดินทางท่องเที่ยวคือคนที่อ่านหนังสือ
ซึ่งเรียกว่า"หนังสือแห่งชีวิต"ได้เพียงหน้าเดียวเท่านั้น

이 세상은 한 권의 책과 같아서 여행을 하지 않는 사람은
인생이라는 책을 겨우 한 페이지만 읽은 사람이에요.

การเดินทางที่แท้จริงนั้น ไม่ใช่การค้นหาทัศนียภาพใหม่ ๆ
แต่กลับเป็นการค้นหาวิสัยทัศน์ใหม่ ๆ

진정한 여행이란 새로운 경치를 찾는 게 아니라 새로운 시각을 갖는 데 있어요.

가끔은 앉아서 하는 여행인 독서 대신
진짜 여행이 필요할 때가 있습니다.
여행은 세상 사람들과 소통하게 해 주는
또 다른 통로이기 때문입니다.
여행을 하기 위해서는 좋은 안내자가 필요한데,
이 책이 그 역할을 충분히 할 것입니다.
『나의 첫 여행 태국어』로 공부하고 태국에서
좋은 추억 많이 만드시길 바랍니다!

: 차례 :

： 이 책의 구성 및 특징 ：

『나의 첫 여행 태국어』는 태국에서 바로 쓸 수 있는 표현을 엄선하여 기내에서, 공항에서, 호텔에서, 태국 각지에서 장소에 맞는 대화를 할 수 있게 구성하였습니다. 태국어를 잘 몰라도 사용할 수 있게 한국어 발음도 함께 표기하였습니다.

※표기법 – 책에 나오는 외국어 인명, 음식명, 지명의 한글 표기는 '외래어 표기법'을 기준으로 하되, 대중적인 명칭과 독음을 혼용하여 표기를 허용했습니다.

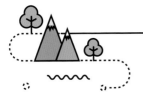

★ 생존 단어

장소별로 가장 많이 접할 수 있는 단어만 모아 사진으로 보기 좋게 정리하였습니다.

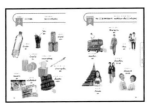

★ 생존 패턴 10

'～은 어디예요?', '～을 주세요' 등 현지에서 꼭 필요한 패턴 10가지만 뽑아 정리하였습니다.

★ 여행 가서 바로 쓰는 문장

내가 가서 할 말과 예측 가능한 상대방의 말을 정리해 넣었습니다.

★ 핵심 표현

현지에서 가장 많이 쓰는 핵심 표현을 넣었습니다.
원활한 의사소통을 위해 이 표현은 꼭 알고 가세요!

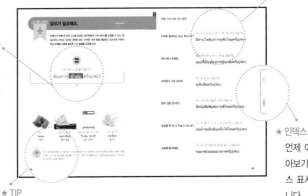

★ 인덱스

언제 어디서든 찾아보기 쉽게 인덱스 표시를 넣었습니다.

★ TIP

상황에 따라 필요한 단어나 여행 전 알고 가면 좋은 유익한 정보를 TIP으로 정리하였습니다.

★ THAILAND CULTURE

태국에 가서 무엇을 먹을지, 어디에 머물면 좋을지, 무엇을 사면 좋을지에 대한 다양한 주제로 내용을 구성하였습니다.

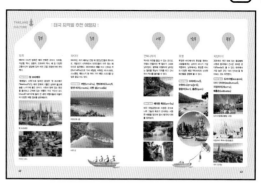

『나의 첫 여행 태국어』 부록

1. 무료 MP3 파일 제공!
   • 스마트폰 : 스마트폰으로 QR 코드를 스캔하면, 다운로드하지 않고 본문 음성을 바로 들을 수 있습니다.
   • PC : 동양북스 홈페이지(www.dongyangbooks.com)에서 별도의 회원 가입 없이 무료로 다운로드 할 수 있습니다.

2. '나의 여행 메이트(핸드북)' 제공!
   여행 갈 때, 가볍게 챙겨 갈 수 있는 핸드북입니다. 현지에서 바로 사용할 수 있게 생존 표현 20문장을 넣었습니다. 부록에 들어가는 생존 표현에는 다른 여행객들과의 소통을 위한 영어 표현도 함께 표기하였습니다. 생존 표현 이외에도 '하루 스케줄 표', '노트' 등을 넣어 여행에 필요한 메모를 하며 나만의 여행 다이어리를 만들 수 있습니다.

THAILAND
타이 왕국

국기 트라이롱(Trairong)

빨강·하양·파랑이 5열로 이루어진 3색기이며, 이 중 파랑은 다른 색의 2배 크기이다. 빨강은 국민을, 하양은 건국 전설과 관계있는 흰 코끼리에서 취하여 불교를, 파랑은 짜끄리 왕조를 각각 나타낸다.

면적	**수도**
약 513,120㎢	방콕(Bangkok)

인구	**종교**
약 6,900만 명	불교(95%), 기타

공식 언어	**화폐**
타이어	밧(Baht, THB)

비자&여권

우리나라와 태국 간에는 비자 면제협정에 따라 90일간의 체류가 허용되어 있다. 여행자는 질병 등 특별한 사유가 없는 한 반드시 90일 이내에 출국하여야 한다. 체류 연장을 위해서는 무비자 입국 후 3개월 이내에 태국 이민국에서 체류 연장 허가를 받아야 한다. (체류 연장 시 이민국에 1900밧의 요금을 내야 한다.)

전압

110V, 220V, 50Hz를 사용

전화

태국 국가번호 +66

※ 태국 현지에서 현지로 전화할 때는 국가번호는 입력하지 않는다.

태국어에는 다른 언어들과 다르게 '문장부호(맞춤표, 물음표, 느낌표 등)'를 쓰지 않는다. 태국어를 쓸 때는 특별한 사항이 아닌 이상 모두 붙여서 쓰며, 읽을 때는 성조를 따라 음의 높고 낮음을 표현하며 읽는다.

태국어는 남성과 여성의 성별에 따라 표현을 다르게 하므로, 앞으로 나올 태국어의 한글 발음을 읽을 때 알아 두어야 할 간략한 읽기 활용법을 익혀보자.

1. 문장 끝에 남성은 '크랍(ครับ)', 여성은 평서문일 때는 '카(ค่ะ)', 의문문일 때는 '카(คะ)'를 사용

물 한 잔 주세요.

커– 나–ㅁ 깨–우 능 크랍(/카)
ขอน้ำแกวหนึ่งครับ(/ค่ะ)
남성일 때 여성일 때

ค่ะ (카) : 평서문일 때
คะ (카) : 의문문일 때

읽는 방법

남성일 때 : 커– 나–ㅁ 깨–우 능 크랍

여성일 때 : 커– 나–ㅁ 깨–우 능 카

2. 남성의 1인칭 대명사는 '폼(ผม)', 여성은 '디찬(ดิฉัน)'을 사용

여기는 제 자리인데요.

티–니– 크– 티–낭 커–ㅇ 폼(/디찬)
ที่นี่คือที่นั่งของผม(/ดิฉัน)
남성일 때 여성일 때

읽는 방법

남성일 때 : 티–니– 크– 티–낭 커–ㅇ 폼

여성일 때 : 티–니– 크– 티–낭 커–ㅇ 디찬

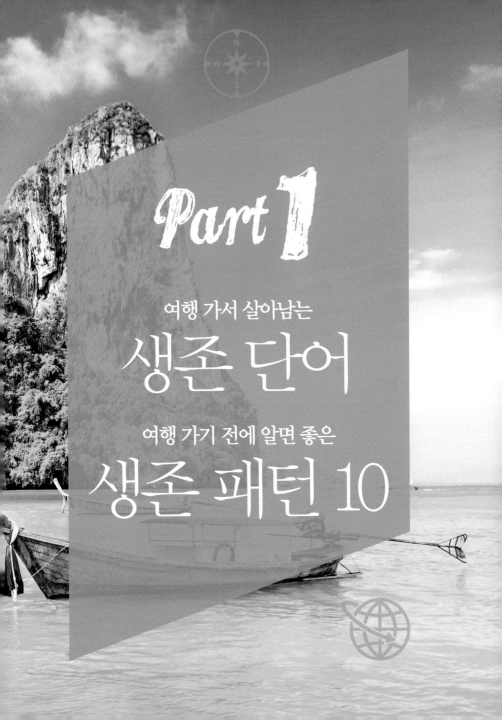

Part 1

여행 가서 살아남는
생존 단어

여행 가기 전에 알면 좋은
생존 패턴 10

____ 주세요.

커 ____ 크랍(/카)
ขอ ____ ครับ(/ค่ะ)

MP3 01-01

나-ㅁ 쁠라오
น้ำเปล่า
생수

코-ㄱ
โค้ก
콜라

싸쁘라이
สไปรท์
사이다

나-ㅁ 폰라마이
น้ำผลไม้
주스

끄라다-ㅅ 팃츄-
กระดาษทิชชู่
티슈

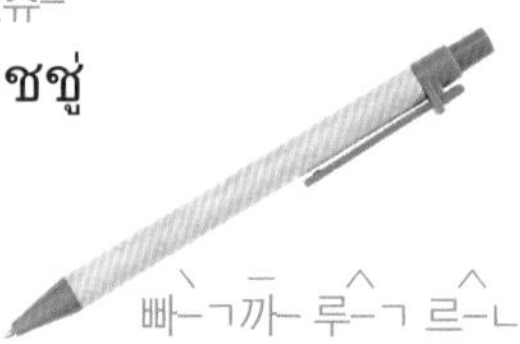

빠-ㄱ까- 루-ㄱ 르-ㄴ
ปากกาลูกลื่น
볼펜

닛따야싸-ㄴ
นิตยสาร
잡지

낭쓰-핌
หนังสือพิมพ์
신문

쓰-아 추- 치-ㅂ
เสื้อชูชีพ
구명조끼

입국심사대에서

저는 ▮을 위해 왔습니다.

폼(/디찬) 마 프–아 ▮▮▮ 크랍(/카)

ผม/ดิฉันมา เพื่อ ▮ ครับ(/ค่ะ)

MP3 01-02

쓱싸– 두– 응아–ㄴ
ศึกษาดูงาน
출장

리–안
เรียน
공부

터–ㅇ 티–아우
ท่องเที่ยว
관광

이–암 프–안
เยี่ยมเพื่อน
친구 방문

이–암 야–ㅅ
เยี่ยมญาติ
친척 방문

리–안 떠–
เรียนต่อ
유학

Part 1

생존 단어

13

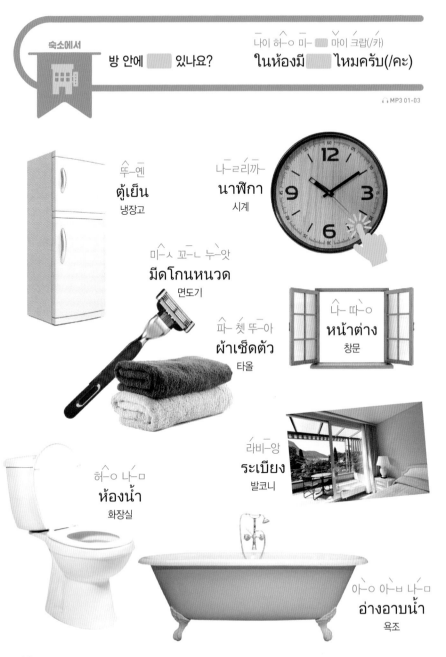

방 안에 ▨ 있나요?

나이 허~ㅇ 미~ ▨ 마이 크랍(/카)
ในห้องมี ▨ **ไหมครับ(/คะ)**

🎧 MP3 01-03

뚜~옌
ตู้เย็น
냉장고

나~ㄹ리까
นาฬิกา
시계

미~ㅅ 꼬~ㄴ 누~앗
มีดโกนหนวด
면도기

파~ 쳇 뚜~아
ผ้าเช็ดตัว
타올

나~ 따~ㅇ
หน้าต่าง
창문

라비~앙
ระเบียง
발코니

허~ㅇ 나~ㅁ
ห้องน้ำ
화장실

아~ㅇ 아~ㅂ 나~ㅁ
อ่างอาบน้ำ
욕조

거리에서

이 근처에 ____이 있나요?

태-우 니- 미- ____ 마이 크랍(/카)

แถวนี้มี ____ ไหมครับ(/คะ)

MP3 01-04

뚜- 에-티-엠

ตู้เอทีเอ็ม

ATM기

티- 래-ㄱ 응읜

ที่แลกเงิน

환전소

타나-카-ㄴ

ธนาคาร

은행

라-ㄴ 카-이 야-

ร้านขายยา

약국

마-ㅅ

มาร์ท

슈퍼마켓

라-ㄴ 라오

ร้านเหล้า

술집

하-ㅇ 쌉파씬카-

ห้างสรรพสินค้า

백화점

라-ㄴ 싸두-악 쓰-

ร้านสะดวกซื้อ

편의점

커 ✓다이 ✓마이 ✓크랍(/카)

⬛ 좀 주시겠어요?   ขอ ⬛ ได้ไหมครับ(/คะ)

🎧 MP3 01-05

씨–이우
ซีอิ๊ว
간장

써–ㅅ 마크–아 테–ㅅ
ซอสมะเขือเทศ
케첩

끌르–아
เกลือ
소금

프릭 타이 담
พริกไทยดำ
후추

남씀
น้ำส้ม
식초

남쁠라–
น้ำปลา
어간장

짜–ㄴ
จาน
접시

처–ㄴ
ช้อน
숟가락

써–ㅁ
ส้อม
포크

따끼–압
ตะเกียบ
젓가락

메–누–
เมนู
메뉴

16

SHOP

▢을 사고 싶은데요. / 야ㄱ 쓰- ▢ 크랍(/카) 아ยากซื้อ ▢ ครับ(/ค่ะ)

🎧 MP3 01-06

따-ㅇ후- / 뚬후-
ต่างหู / ตุ้มหู
귀고리

^롬
ร่ม
우산

부라-
บุหรี่
담배

왜-ㄴ
แหวน
반지

CIGARETTES

파이책
ไฟแช็ค
라이터

나-ㄹ리까-커-ㅁ
นาฬิกาข้อมือ
손목시계

무-악
หมวก
모자

쓰-아 이-읏
เสื้อยืด
티셔츠

크-르앙쌈아-ㅇ
เครื่องสำอาง
화장품

까-ㅇ께-ㅇ 이-ㄴ
กางเกงยีนส์
청바지

러-ㅇ타오 까-ㄹ라-
รองเท้ากีฬา
운동화

17

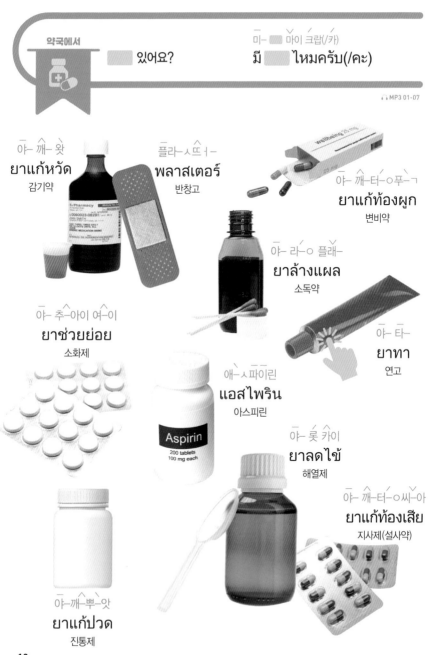

미- 마이 크랍(/카)
미 ▨ 있어요?
มี ▨ ไหมครับ(/คะ)

🎧MP3 01-07

야- 깨- 왓
ยาแก้หวัด
감기약

플라-ㅅ뜨ㅓ-
พลาสเตอร์
반창고

야- 깨-터-ㅇ푸-ㄱ
ยาแก้ท้องผูก
변비약

야- 라-ㅇ 플래-
ยาล้างแผล
소독약

야- 추-아이 여-이
ยาช่วยย่อย
소화제

야- 타-
ยาทา
연고

애-ㅅ파이린
แอสไพริน
아스피린

Aspirin
200 tablets
100 mg each

야- 롯 카이
ยาลดไข้
해열제

야- 깨-터-ㅇ씨-아
ยาแก้ท้องเสีย
지사제(설사약)

야-깨-뿌-앗
ยาแก้ปวด
진통제

가 아파요.

뿌-앗 크랍(/카)

ปวด [ ] ครับ(/ค่ะ)

MP3 01-08

따-
ตา
눈

후-아
หัว
머리

터-ㅇ
ท้อง
배

라이 / 바-
ไหล่ / บ่า
어깨

판
ฟัน
치아

커-
คอ
목

에-우
เอว
허리

19

■은 어디예요?

■อยู่ที่ไหนครับ(/คะ)
■ 유- 티- 나이 크랍(/카)

화장실은 어디예요?

허-ㅇ나-ㅁ 유- 티-나이 크랍(/카)
ห้องน้ำอยู่ที่ไหนครับ(/คะ)

지하철역은 어디예요?

싸타-니- 롯퐈이 따이 딘 유- 티-나이 크랍(/카)
สถานีรถไฟใต้ดินอยู่ที่ไหนครับ(/คะ)

BTS(지상철)역은 어디예요?

싸타-니-비-티-에-ㅅ 유- 티-나이 크랍(/카)
สถานีบีทีเอสอยู่ที่ไหนครับ(/คะ)

+PLUS
▫ BTS 바-티-에-ㅅ บีทีเอส : 방콕에 있는 지상철

탈의실은 어디예요?

허-ㅇ 러-ㅇ춧 유- 티-나이 크랍(/카)
ห้องลองชุดอยู่ที่ไหนครับ(/คะ)

(지도를 보여주며)
이 식당은 어디예요?

라-ㄴ아-하-ㄴ 니- 유- 티-나이 크랍(/카)
ร้านอาหารนี้อยู่ที่ไหนครับ(/คะ)

02

▨▨ 주세요.	ขอ ▨▨ ครับ(/ค่ะ) 커– ▨▨ 크랍(/카)

물 한 잔 주세요.

커– 나–ㅁ 까–우 능 크랍(/카)

ขอน้ำแก้วหนึ่งครับ(/ค่ะ)

방콕 (여행)지도 한 장 주세요.

커– 패–ㄴ티– (터–ㅇ 티–아우) 끄룽테–ㅂ 크랍(/카)

ขอแผนที่(ท่องเที่ยว)กรุงเทพ ฯ ครับ(/ค่ะ)

메뉴판 주세요.

커– 메–누– 크랍(/카)

ขอเมนูครับ(/ค่ะ)

(메뉴판을 가리키며)
이거랑 이거, 이걸로 주세요.

커– 안니– 안니– 래 안니– 크랍(/카)

ขออันนี้ อันนี้ และอันนี้ครับ(/ค่ะ)

영수증 주세요.

커– 바이쎗 크랍(/카)

ขอใบเสร็จครับ(/ค่ะ)

▨▨해 주시겠어요?

ช่วย ▨▨ ได้ไหมครับ(/คะ)
추↗아이 ▨▨ 다이 마이 크랍(/카↗)

다시 한번 말해 주시겠어요?

추↗아이 푸↗ㅅ 이↘ㄱ 크랑 다이 마이 크랍(/카↗)
ช่วยพูดอีกครั้งได้ไหมครับ(/คะ)

좀 천천히 말해 주시겠어요?

추↗아이 푸↗ㅅ 차↗차↘ 너↘이 다이 마이 크랍(/카↗)
ช่วยพูดช้า ๆ หน่อยได้ไหมครับ(/คะ)

사진 좀 찍어 주시겠어요?

추↗아이 타↘이 루↗ㅂ 다이 마이 크랍(/카↗)
ช่วยถ่ายรูปได้ไหมครับ(/คะ)

이 주소로 가 주시겠어요?

추↗아이 파↘ 빠이 따↗ㅁ 티↘유↗ 티↘니↗
다이 마이 크랍(/카↗)
ช่วยพาไปตามที่อยู่ที่นี่ได้ไหมครับ(/คะ)

조금만 비켜 주시겠어요?

추↗아이 리↘ㄱ 타↗ㅇ 하이 너↘이 다이 마이 크랍(/카↗)
ช่วยหลีกทางให้หน่อยได้ไหมครับ(/คะ)

+PLUS
▫ 길을 좀 내주세요. 커↗ 타↗ㅇ 너↘이 크랍(/카↗) ขอทางหน่อยครับ(/ค่ะ)

04

MP3 01-12

■■■ 있나요?	มี ■■■ ไหมครับ(/คะ) มี- ■■■ ม้าย คฺรับ(/คฺะ)

ATM기가 근처에 있나요?

มี- ตู้- เอ-ที-เอ็ม แถ่–ว นี้- ม้าย คฺรับ(/คฺะ)

มีตู้เอทีเอ็มแถวนี้ไหมครับ(/คะ)

지사제(설사약) 있나요?

มี- ยา–แก้–ต้อ–งเสี่ย–อ ม้าย คฺรับ(/คฺะ)

มียาแก้ท้องเสียไหมครับ(/คะ)

창가 쪽 자리 있나요?

มี- ที่–นั่ง ริม น้า–ต่า–ง ม้าย คฺรับ(/คฺะ)

มีที่นั่งริมหน้าต่างไหมครับ(/คะ)

다른 거 있나요?

มี- อย่า–ง อื่–น ม้าย คฺรับ(/คฺะ)

มีอย่างอื่นไหมครับ(/คะ)

더 싼 거 있나요?

มี- ขอ–ง ถู–ก ก่ว่า–นี้– ม้าย คฺรับ(/คฺะ)

มีของถูกกว่านี้ไหมครับ(/คะ)

05

MP3 01-13

해도 되나요?

ได้ไหมครับ(/คะ)

다이 마이 크랍(/카)

입어 봐도 되나요?

러⁻ㅇ 싸이 다이 마이 크랍(/카)

ลองใส่ได้ไหมครับ(/คะ)

카드로 계산해도 되나요?

짜⁻이 밧 크레⁻딧 다이 마이 크랍(/카)

จ่ายบัตรเครดิตได้ไหมครับ(/คะ)

여기에서 사진 촬영해도 되나요?

타⁻이 루⁻ㅂ 티⁻니⁻ 다이 마이 크랍(/카)

ถ่ายรูปที่นี่ได้ไหมครับ(/คะ)

자리를 바꿔도 되나요?

쁠리⁻안 티⁻낭 다이 마이 크랍(/카)

เปลี่ยนที่นั่งได้ไหมครับ(/คะ)

들어가도 되나요?

카오 빠이 카⁻ㅇ 나이 다이 마이 크랍(/카)

เข้าไปข้างในได้ไหมครับ(/คะ)

06

어떻게 ▮▮▮해요?

▮▮▮อย่างไรครับ(/คะ)
▮▮▮ 야`-ㅇ라이 크랍(/카́)

지하철역은 어떻게 가요?

빠이 싸타̌-니- 롯 퐈이 따̂이 딘 야`-ㅇ라이 크랍(/카́)
ไปสถานีรถไฟใต้ดินอย่างไรครับ(/คะ)

이 과일은 어떻게 팔아요?

폰라마이 니́- 카̌이 야`-ㅇ라이 크랍(/카́)
ผลไม้นี้ขายอย่างไรครับ(/คะ)

이건 어떻게 사용해요?

안니́- 차이 야`-ㅇ라이 크랍(/카́)
อันนี้ใช้อย่างไรครับ(/คะ)

이건 어떻게 먹어요?

안니́- 낀 야`-ㅇ라이 크랍(/카́)
อันนี้กินอย่างไรครับ(/คะ)

이거 태국어로 어떻게 말해요?

안니́- 푸̂-ㅅ 파-싸̌- 타이 와̂- 야`-ㅇ라이 크랍(/카́)
อันนี้พูดภาษาไทยว่าอย่างไรครับ(/คะ)

07

MP3 01-15

어디에서 ███하나요?

███ที่ไหนครับ(/คะ)
███ 티- 나이 크랍(/카)

어디에서 **표를 사나요?**

쓰– 뚜̀–아 티–나̌이 크랍(/카́)
ซื้อตั๋วที่ไหนครับ(/คะ)

어디에서 **차를 타나요?**

큰 롯 티–나̌이 크랍(/카́)
ขึ้นรถที่ไหนครับ(/คะ)

어디에서 **환승하나요?**

쁠리̀–안 싸̌–이 티–나̌이 크랍(/카́)
เปลี่ยนสายที่ไหนครับ(/คะ)

어디에서 **돈을 지불하나요?**

짜̀–이 응언 티–나̌이 크랍(/카́)
จ่ายเงินที่ไหนครับ(/คะ)

어디에서 **인터넷을 할 수 있나요?**

렌 인뜨ㅓ– 넷 다̂이 티–나̌이 크랍(/카́)
เล่นอินเตอร์เน็ตได้ที่ไหนครับ(/คะ)

26

08

MP3 01-16

언제 ▨▨하나요?
▨▨ เมื่อไรครับ(/คะ)
▨▨ 므-아 라이 크랍(/카)

언제 **도착해요?**

짜 틍 므-아 라이 크랍(/카)

จะถึงเมื่อไรครับ(/คะ)

+PLUS
□ **출발하다**
어-ㄱ 드ㅓ-ㄴ 타-ㅇ
ออกเดินทาง

언제 **문을 열어요?**

쁘ㅓ-ㅅ 므-아 라이 크랍(/카)

เปิดเมื่อไรครับ(/คะ)

언제 **문을 닫아요?**

삣 므-아 라이 크랍(/카)

ปิดเมื่อไรครับ(/คะ)

언제 **끝나요?**

쎗 므-아 라이 크랍(/카)

เสร็จเมื่อไรครับ(/คะ)

+PLUS
□ **시작하다** 름 ㅓ̂ㅁ

(비행기는)
언제 **이륙해요?**

크르-앙 빈 짜 어-ㄱ 므-아 라이 크랍(/카)

เครื่องบินจะออกเมื่อไรครับ(/คะ)

09

■ 해 주실 수 있나요?

■ ได้ไหมครับ(/คะ)
■ 다이 마이 크랍(/카)

한국어 통역을 구해 주실 수
있나요?

ฮา- 라-ㅁ 까올리- 하이 다이 마이 크랍(/카)

หาล่ามเกาหลีให้ได้ไหมครับ(/คะ)

택시를 불러 주실 수 있나요?

리-악 택 씨- 하이 다이 마이 크랍(/카)

เรียกแท็กซี่ให้ได้ไหมครับ(/คะ)

기차표를 예매해 주실 수 있나요?

쩌-ㅇ 뚜-아 롯 퐈이 하이 다이 마이 크랍(/카)

จองตั๋วรถไฟให้ได้ไหมครับ(/คะ)

식당을 예약해 주실 수 있나요?

쩌-ㅇ 라-ㄴ 아-하-ㄴ 하이 다이 마이 크랍(/카)

จองร้านอาหารให้ได้ไหมครับ(/คะ)

짐을 보관해 주실 수 있나요?

퐈-ㄱ 끄라빠오 다이 마이 크랍(/카)

ฝากกระเป๋าได้ไหมครับ(/คะ)

10

▮▮▮하고 싶어요.	야[`]ㄱ ▮▮▮ 크랍(/카) อยาก ▮▮▮ ครับ(/ค่ะ)

이걸 사고 싶어요.

야[`]ㄱ 쓰– 안니– 크랍(/카)
อยาก**ซื้ออันนี้**ครับ(/ค่ะ)

예약하고 싶어요.

야[`]ㄱ 쩌–ㅇ 크랍(/카)
อยาก**จอง**ครับ(/ค่ะ)

팟타이를 먹고 싶어요.

야[`]ㄱ낀 팟타이 크랍(/카)
อยาก**กินผัดไทย**ครับ(/ค่ะ)

에메랄드 사원에 가고 싶어요.

야[`]ㄱ 빠이 왓 프라 깨–우 크랍(/카)
อยาก**ไปวัดพระแก้ว**ครับ(/ค่ะ)

이 짐을 부치고 싶어요.

야[`]ㄱ 쏭 끄라빠오 바이 니– 크랍(/카)
อยาก**ส่งกระเป๋าใบนี้**ครับ(/ค่ะ)

Part 2

기내에서

자리 찾기

기내 용품 요청하기

음료 서비스 요청하기

식사 서비스 요청하기

면세품 주문하기

태국 지역별 추천 여행지

제 좌석은 어디죠?

🎧 MP3 02-01

비행기에 탑승 후, 내 자리가 어딘지 헷갈린다면 입구에 서 있는 승무원에게 물어보면 된다. 기본적으로 탑승권에 좌석 번호가 명시되어 있어 승무원에게 보여주면 원하는 자리를 찾을 수 있다. 또한, 한국에서 출발하는 항공편의 경우 보통 한국인 승무원이 탑승하고 있으므로 너무 긴장하지 말자. 타이항공은 태국의 국적기로 아시아나 항공과 스타 얼라이언스(Star Alliance)로 동맹을 이루고 있어 마일리지를 교차 적립할 수도 있다.

**핵심
표현**

티- 낭 커-ㅇ 폼(/디찬) 유- 티- 나이 크랍(/카)

ที่นั่งของผม(/ดิฉัน)อยู่ที่ไหนครับ(/คะ)

TIP

내 좌석을 찾아가는 중에 태국의 승객이 통로에 서 있다면.

- 길을 좀 내주세요.
  커- 타-ㅇ 너-이 크랍(/카)
  ขอทางหน่อยครับ(/ค่ะ)

  ※ 태국에서는 길을 비켜달라는 의미로,
  '길을 좀 내주세요'라는 표현을 자주 쓴다.

좌석을 찾은 후 자신의 기내용 여행 가방을 머리 위의 짐칸에 올리는 일 또한 만만치 않은 경우가 많다. 그럴 경우에는 다음의 핵심 표현을 사용하여 승무원에게 도움을 청해보자.

- 좀 도와 주시겠어요?
  추아-이 폼(/디찬) 다이 마이 크랍(/카)
  ช่วยผม(/ดิฉัน)ได้ไหมครับ(/คะ)

- 가방 놓을 공간이 없어요.
  마이 미- 티- 티- 와-ㅇ 끄라빠오 크랍(/카)
  ไม่มีที่ที่ว่างกระเป๋าครับ(/ค่ะ)

실례지만, 탑승권을 좀 제시하여 주십시오.	커-토-ㅅ 크랍(/카), 커- 두- 뚜-아 너-이 크랍(/카) ขอโทษครับ(/ค่ะ) ขอดูตั๋วหน่อยครับ(/ค่ะ)
여기는 제 자리인데요.	티-니- 크- 티-낭 커-ㅇ 폼(/디찬) ที่นี่คือที่นั่งของผม(/ดิฉัน)
손님 좌석은 앞쪽입니다.	티-낭 커-ㅇ 탄 유- 다-ㄴ 나- 크랍(/카) ที่นั่งของท่านอยู่ด้านหน้าครับ(/ค่ะ)
저기 빈자리로 옮겨도 될까요?	커- 야-이 티-낭 빠이 티- 와-ㅇ 유- 티- 노-ㄴ 다이 마이 크랍(/카) ขอย้ายที่นั่งไปที่ว่างอยู่ที่โน่น ได้ไหมครับ(/คะ)
의자를 뒤로 젖혀도 될까요?	쁘랍 까오이- 하이 에-ㄴ 롱 다이 마이 크랍(/카) ปรับเก้าอี้ให้เอนลงได้ไหมครับ(/คะ)
이 안전벨트는 어떻게 매나요?	카-ㅅ 켐캇 니라파이 니- 야-ㅇ라이 크랍(/카) คาดเข็มขัดนิรภัยนี้อย่างไรครับ(/คะ)

기내 용품 요청하기 # 담요가 필요해요.

🎧 MP3 02-02

비행기가 이륙 후 안전 고도에 이르면, 승무원에게 기내 서비스를 요청할 수 있다. 항공사마다 차이는 있지만 대부분 담요, 이어폰, 쿠션 등을 제공하고 있으므로 아래의 핵심 표현을 사용해 필요한 기내 용품을 요청해 보자.

핵심 표현

떠―ㅇ까―ㄴ 파―홈 크랍(/카)

ต้องการ ผ้าห่ม ครับ(/ค่ะ)

머―ㄴ
หมอน
쿠션

퉁 아―찌―안
ถุงอาเจียน
멀미 봉투

바이 떠―머― 카― 카오
ใบ ตม. ขาเข้า
입국 신고서

파― 삐―악
ผ้าเปียก
물수건

TIP

기내 서비스를 요청하고자 할 때는 기내 콜 버튼을 누르고 승무원이 오면 위의 핵심 표현을 사용해 요청하면 된다. 지나가는 승무원을 부를 때는 '커―토―ㅅ 크랍(/카)(실례합니다만:ขอโทษครับ(/ค่ะ)'이라고 하면서 공손히 도움을 청해보자.

이어폰 필요하신 손님 계신가요?

미– 탄 다이 떠–ㅇ 까–ㄴ 후– 퐝 마이 크랍(/카)

มีท่านใดต้องการหูฟังไหมครับ(/คะ)

여기 하나 주세요.

폼(/디찬) 떠–ㅇ 까–ㄴ 안 능 크랍(/카)

ผม(/ดิฉัน)ต้องการอันหนึ่งครับ(/ค่ะ)

이어폰이 고장 났어요.

후– 퐝 씨–아 크랍(/카)

หูฟังเสียครับ(/ค่ะ)

한국 신문 있나요?

미– 낭쓰–핌 까올리– 마이 크랍(/카)

มีหนังสือพิมพ์เกาหลีไหมครับ(/คะ)

담요를 한 장 더 주실 수 있나요?

커– 파–홈 이–ㄱ 프–ㄴ 능 다이 마이 크랍(/카)

ขอผ้าห่มอีกผืนหนึ่งได้ไหมครับ(/คะ)

소화제 좀 주세요.

커– 야– 추–아이 여–이 아–하–ㄴ 크랍(/카)

ขอยาช่วยย่อยอาหารครับ(/ค่ะ)

물 한 잔만 주세요.

🎧 MP3 02-03

기내에 실리는 음료의 종류는 항공사마다 차이가 있지만, 일반적으로 가장 대중적인 음료로 이루어져 있다. 비행 중 목이 마를 땐 아래와 같은 표현으로 음료 서비스를 요청해 보자.

핵심 표현

커– 나–ㅁ 깨–우 능 크랍(/카)

ขอ 　น้ำ　 แก้วหนึ่งครับ/ค่ะ

비–아	까–페–	와이	차–
เบียร์	**กาแฟ**	**ไวน์**	**ชา**
맥주	커피	레드와인(적포도주)	차

TIP

나–ㅁ 쁠라오	나–ㅁ 쏘–다	코–ㄱ
น้ำเปล่า	**น้ำโซดา**	**โค้ก**
생수	탄산수	콜라

싸쁘라이	나–ㅁ 폰라마이	와이 카우
สไปรท์	**น้ำผลไม้**	**ไวน์ขาว**
사이다	주스	화이트와인(백포도주)

36

어떤 음료를 드시겠습니까?

짜 랍 크르-앙 드-ㅁ 아라이 디- 크랍(/카)

จะรับเครื่องดื่มอะไรดีครับ(/คะ)

어떤 음료가 있나요?

미- 크르-앙 드-ㅁ 아라이 바-ㅇ 크랍(/카)

มีเครื่องดื่มอะไรบ้างครับ(/คะ)

오렌지 주스, 따뜻한 차와
커피가 있습니다.

미- 남쏨 차- 러-ㄴ 래 까-풰- 크랍(/카)

มีน้ำส้ม ชาร้อน และกาแฟครับ(/ค่ะ)

커피 한 잔 주세요.

커- 까-풰- 깨-우 능 크랍(/카)

ขอกาแฟแก้วหนึ่งครับ(/ค่ะ)

녹차 있나요?

미- 차- 키-아우 마이 크랍(/카)

มีชาเขียวไหมครับ(/คะ)

한 잔 더 주시겠어요?

커- 이-ㄱ 깨-우 능 다이 마이 크랍(/카)

ขออีกแก้วหนึ่งได้ไหมครับ(/คะ)

닭고기로 주세요.

🎧 MP3 02-04

하늘에서 먹는 기내식은 여행에서 느낄 수 있는 즐거움 중 하나이다. 기내식은 지상에서 미리 조리되어 탑재되기 때문에 종교나 건강 등의 이유로 일반 기내식을 먹지 못하는 여행자는 항공사에 특별 기내식을 사전 예약해야 한다. 특별 기내식에는 야채식, 의료식, 종교식, 아동식 등의 다양한 종류가 준비되어 있다.

핵심
표현

커– 느–아 까이 크랍(/카)

ขอ เนื้อไก่ ครับ(/ค่ะ)

TIP

특별 기내식 : 태국어 표기법

소아식(BBML)	아–하–ㄴ 쌈랍 덱 티– 미– 아–유 혹 틍 씹 드–안 อาหารสำหรับเด็กที่มีอายุ 6-10 เดือน : 6~10개월 나이의 어린이한테 제공하는 음식이다.
아동식(CHML)	아–하–ㄴ 쌈랍 덱 티–미– 아–유 써–ㅇ 삐– 르– 마–ㄱ꽈– 써–ㅇ 삐– อาหารสำหรับเด็กที่มีอายุ 2 ปี หรือ มากกว่า 2 ปี : 2세부터 그 이상의 어린이에게 제공되는 음식이다.
당뇨식(DBML)	아–하–ㄴ 쌈랍 푸–뿌–아이 로–ㄱ 바오 와–ㄴ อาหารสำหรับผู้ป่วยโรคเบาหวาน : 당뇨병 환자에게 적합한 기내식으로 당분이 거의 함유되어 있지 않다.
무슬림식(MOML)	아–하–ㄴ 뭇싸림 อาหารมุสลิม : 태국 국적기인 타이항공의 경우, 무슬림 국가인 파키스탄에 가는 노선에서 무슬림식의 기내식을 기본으로 제공한다.
힌두교식(AVML)	아–하–ㄴ 힌두– อาหารฮินดู : 양고기, 생선 등을 사용하되, 소고기나 돼지고기 및 종교적으로 허락되지 않는 유제품을 사용하지 않은 음식이다.

손님, 식사하시겠습니까?

쿤 루ㅡㄱ 카ㅡ 크랍(/카),
짜 랍 쁘라타ㅡㄴ 아ㅡ하ㅡㄴ 마이 크랍(/카)

คุณลูกค้าครับ(/คะ)
จะรับประทานอาหารไหมครับ(/คะ)

나중에 먹어도 될까요?

타ㅡㄴ 티ㅡ랑 다이 마이 크랍(/카)

ทานทีหลังได้ไหมครับ(/คะ)

양식으로 하나 주세요.

커ㅡ 아ㅡ하ㅡㄴ 퐈랑 티ㅡ 능 크랍(/카)

ขออาหารฝรั่งที่หนึ่งครับ(/ค่ะ)

소고기와 닭고기가 있는데,
어떤 걸로 하시겠습니까?

미ㅡ 메ㅡ누ㅡ 느ㅡ아 깝 까이, 짜 랍 아라이 크랍(/카)

มีเมนูเนื้อกับไก่
จะรับอะไรครับ(/คะ)

식사는 안 하겠습니다.

짜 마이 랍 쁘라 타ㅡㄴ 아ㅡ하ㅡㄴ 크랍(/카)

จะไม่รับประทานอาหารครับ(/ค่ะ)

테이블을 펴 주시기 바랍니다.

까루나ㅡ 까ㅡㅇ 또 두ㅡ아이 크랍(/카)

กรุณากางโต๊ะด้วยครับ(/ค่ะ)

39

면세품 카탈로그에 있는 이 제품 있나요? 🎧 MP3 02-05

식사 서비스가 끝나면 승무원의 기내 면세품 판매가 시작된다. 면세품 판매 시 다양한 프로모션을 진행하기도 하는데, 원하는 상품이 품절되었을 경우 면세품 귀국편 예약 주문서를 작성하여 사전에 구매 예약을 하면, 돌아오는 항공편에서 면세품을 구매할 수 있다.

핵심
표현

미– 씬카– 티– 유– 나이 캣따–럭 쁠러–ㅅ 파– 씨– 마이 크랍(/카)

มีสินค้าที่อยู่ในแคตตาล็อกปลอดภาษีไหมครับ(/คะ)

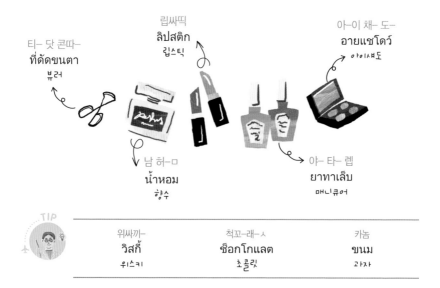

티– 닷 콘따–
ที่ดัดขนตา
뷰러

립싸띡
ลิปสติก
립스틱

아–이 채– 도–
อายแชโดว์
아이섀도

남 허–ㅁ
น้ำหอม
향수

야– 타– 렙
ยาทาเล็บ
매니큐어

TIP

위싸끼–	척꼬–래–ㅅ	카놈
วิสกี้	ช็อกโกแลต	ขนม
위스키	초콜릿	과자

40

지금부터
면세품 판매를 시작하겠습니다.

땅때– 밧니– 짜 름 카–이 씬카– 쁠러–ㅅ 파– 씨–
크랍(/카)

ตั้งแต่บัดนี้ จะเริ่มขายสินค้าปลอดภาษี
ครับ(/ค่ะ)

선크림 한 세트를 사고 싶어요.

야–ㄱ 쓰–크리–ㅁ 깐 대–ㅅ 쎗 능 크랍(/카)

อยากซื้อครีมกันแดดเซ็ทหนึ่งครับ(/ค่ะ)

이 록시땅 핸드크림은 얼마예요?

크리–ㅁ 타–므– 럭씨타–ㄴ니–
라–카 타오 라이 크랍(/카)

ครีมทามือ L'Occitaneนี้
ราคาเท่าไรครับ(/คะ)

담배를 판매하나요?

카–이 부리– 두–아이 마이 크랍(/카)

ขายบุหรี่ด้วยไหมครับ(/คะ)

신용카드로 계산해도 되나요?

참라 두–아이 밧 크레–딧 다이 마이 크랍(/카)

ชำระด้วยบัตรเครดิตได้ไหมครับ(/คะ)

결제는 태국 밧으로 할게요.

커– 참라 벤 응인 바–ㅅ 크랍(/카)

ขอชำระเป็นเงินบาทครับ(/ค่ะ)

* 태국 지역별 추천 여행지 *

중부

동부

방콕

태국의 수도인 방콕은 매우 번화한 곳이다. 지하철, 지상철, 택시, 삼륜차, 오토바이 택시, 배 등 다양한 교통수단이 발달해 있어 여러 곳을 관광하기에 편리하다.

Best Spot 왓 프라깨우

'에메랄드 사원'으로 알려진 웅장한 '왓 프라깨우(วัดพระแก้ว)'는 태국 문화의 기틀인 상좌부 불교예술을 느끼기에 좋은 곳이다. 사원과 함께 있는 왕궁을 둘러보고 근처에 있는 여행자 거리 '카오산 로드(ถนนข้าวสาร)'에 들러 전 세계 여행자들과 어울리며 다양한 여행 정보를 공유해보자.

왓 프라깨우

카오산 로드

파타야

파타야는 과거 베트남 전쟁 때 참전군인들의 휴식처로, 개발되기 시작하면서 외국인들이 자주 찾는 해안으로 발전했다. 파타야에서 배를 타고 산호섬 꺼란(เกาะล้าน)으로 가서 세일링, 씨워킹, 바나나보트, 스노클링, 제트스키 등 여러 가지 해양 스포츠를 당일로 즐길 수도 있다.

Best Spot 꺼란(เกาะล้าน), 짠타부리(จันทบุรี), 방샌 비치(บางแสน), 사멧 섬(เกาะเสม็ด)

꺼란(산호 섬)

사멧 섬

서부

남부

북부

깐짜나부리

역사와 자연을 즐길 수 있는 곳으로, 전쟁시 만들어진 옛 철로가 그대로 남아있다. 절벽에 아찔하게 남아있는 철로를 옛날식 기차를 타고 건너면서 역사를 돌아볼 수 있다.

Best Spot **에라완 폭포**(เอราวัณ)

태국 국립공원으로 지정된 곳으로 나무 그늘과 폭포가 선사하는 시원한 바람을 맞으며 잠시 태국의 더위를 잊어보자.

푸껫

투명한 바다에서의 휴양을 원하는 사람들에게는 남부의 바다가 가장 적합하다. 남부에서는 휴양뿐 아니라 다양한 해양 액티비티와 신선한 해산물을 경험해 볼 수 있다.

Best Spot **끄라비**(กระบี่), **수랏타니**(สุราษฎร์ธานี), **팡응아**(พังงา), **춤폰**(ชุมพร)

치앙마이

306개의 계단 위에 있는 황금불탑 사원과 중국에서 건너온 귀여운 판다(Panda)도 볼 수 있다. 태국에서 가장 높은 곳인 '더이 인타논'을 찾아보는 것도 추천한다.

Best Spot **도이수텝**(ดอยสุเทพ), **더이 인타논**(ดอยอินทนนท์), **치앙라이**(เชียงราย), **매홍손**(แม่ฮ่องสอน)

도이수텝(황금불탑 사원)

치앙라이 백색사원(왓롱쿤)

더이 인타논

Part 3
공항에서

입국 심사 받기 **관광하러 왔어요.** ♫MP3 03-01

태국 공항에 도착하면 우선 입국 심사대로 가서 입국심사를 받아야 한다. 입국 심사 대에 도착하면, Foreigner(외국인) 표시가 되어 있는 곳에 줄을 서서 '여권'과 기내 에서 작성한 '출입국 신고서'를 보여주면 된다. 입국 심사 시 태국 여행 목적이나 태 국 내 거주지를 물어보는 경우도 있지만, 예약한 호텔 정보를 말하거나 제시할 수 있 으면 되므로 긴장하지 말자. 입국 시 작성하는 신고서는 입·출국용으로 각각 1장씩 되어 있는데, 입국할 때와 출국할 때 각각 제출해야 하므로 신고서를 잃어버리지 않 도록 유의하자. 만약 공항 직원의 별도 질문을 받는다면 아래의 핵심 표현으로 대답 해보자.

핵심 표현

마– 프–아 터–ㅇ 티–아우 크랍(/카)

มาเพื่อท่องเที่ยวครับ/(ค่ะ)

TIP **입국 절차**

★여권과 출입국 신고서 제출
사진 촬영 및 지문 인식

01 공항 도착

02 검역 검사

03 입국 심사

06 공항에서 출발

05 세관 검사

04 수하물 찾기

★세관 신고서는 신고할 물품이 있을 경우에만 내면 된다.

여권을 좀 보여 주세요.

커– 두– 낭쓰– 드ㅓ–ㄴ타–ㅇ 크랍(/카)

ขอดูหนังสือเดินทางครับ(/ค่ะ)

태국 방문 목적은 무엇입니까?

쿤 카오 마– 쁘라테–ㅅ 타이 프러 헤–ㅅ다이 크랍(/카)

**คุณเข้ามาประเทศไทย
เพราะเหตุใดครับ(/คะ)**

여기에서 얼마나 체류하십니까?

짜 유– 나–ㄴ 타오라이 크랍(/카)

จะอยู่นานเท่าไรครับ(/คะ)

4일 간이요.

유– 씨– 완 크랍(/카)

อยู่สี่วันครับ(/ค่ะ)

+PLUS
□ 3일 싸–ㅁ 완 สามวัน
□ **일주일** 아–팃 능 อาทิตย์หนึ่ง
□ **한 달** 드–안 능 เดือนหนึ่ง

어디서 머무르십니까?

짜 팍 티– 나이 크랍(/카)

จะพักที่ไหนครับ(/คะ)

그랜드 하얏트 호텔이요.

로–ㅇ래–ㅁ 끄래–ㄴ 하이 애–ㅅ 크랍(/카)

โรงแรมแกรนด์ไฮแอทครับ(/ค่ะ)

제 짐을 찾을 수가 없어요.

🎧 MP3 03-02

입국 심사를 마친 후, 본격적으로 자신의 짐(수하물)을 찾아야 한다. 어디로 가야 할지 헷갈린다면 짐을 부칠 때 받았던 수하물 표를 보자. 수하물 표에서 내가 탔던 항공기의 항공편명을 확인 후, '짐 찾는 곳(จุดรอรับกระเป๋า: 쭛 러-랍 끄라빠오)'으로 가면 된다. 많은 짐이 한꺼번에 나오기 때문에 미리 짐에 특별한 표시를 하거나 이름표를 달아두면 좋다. 하지만 그래도 내 수하물을 찾을 수 없거나 짐이 나오지 않는다면 아래 핵심 표현을 사용해 항공사 직원에게 질문해 보자.

핵심
표현

하- 끄라빠오 커-ㅇ 폼(/디찬) 마이 쯔ㅓ- 크랍(/카)

หากระเป๋าของผม(/ดิฉัน)ไม่เจอครับ(/ค่ะ)

TIP

수하물 표 보는 법

KOREAN AIRLINES

❶ KIM/HYOSOO
❷ ICN → BKK
❸ KE659 / ❹ 3MAY
❺ 0337444929

❻ SEC 300 BAG ❼ 1 / ❽ 15

❶ 성명 : 김효수
❷ 출발지 : 인천 → 목적지 : 방콕
❸ 항공편명 : 대한항공 659
❹ 날짜 : 5월 3일
❺ 항공사 번호 + 수하물 번호
❻ 수하물 수속 순서
❼ 가방 개수 : 1개
❽ 가방 무게 : 15kg

짐은 어디서 찾나요?

랍 끄라빠오 다이 티– 나이 크랍(/카)

รับกระเป๋าได้ที่ไหนครับ(/คะ)

수하물 표 좀 보여주세요.

커– 두– 빠–이 띳따–ㅁ 쌈파–라 크랍(/카)

ขอดูป้ายติดตามสัมภาระครับ(/ค่ะ)

무슨 항공편으로 오셨습니까?

낭 싸–이 까–ㄴ 빈 아라이 마– 크랍(/카)

นั่งสายการบินอะไรมาครับ(/คะ)

대한항공 659편으로 왔어요.

낭 싸–이 까–ㄴ빈 까올리– 혹 하– 까오 마– 크랍(/카)

นั่งสายการบินเกาหลี 659 มาครับ(/ค่ะ)

짐이 아직 안 나왔어요.

끄라빠오 양 마이 어–ㄱ 마– 크랍(/카)

กระเป๋ายังไม่ออกมาครับ(/ค่ะ)

트렁크가 망가졌어요.

끄라빠오 드ㅓ–ㄴ타–ㅇ 팡 래–우 크랍(/카)

กระเป๋าเดินทางพังแล้วครับ(/ค่ะ)

이거 친구에게 줄 선물이에요.

🎧 MP3 03-03

짐을 찾고 출구로 나가면 도착지 공항에서의 입국 수속이 마무리된다. 세관을 통과할 때 신고할 물건이 있으면 세관 신고서를 제출하면 되고, 신고할 물건이 없으면 출구로 나오면 된다. 만약 세관을 통과하는데 세관 직원이 내 손에 들고 있는 짐에 대해 질문한다면 아래의 핵심 표현으로 대답해 보자.

**핵심
표현**

니- 크- 커^-ㅇ 퐈`-ㄱ 쌈`랍 프-안 크랍(/카)

นี่คือของฝากสำหรับเพื่อนครับ(/ค่ะ)

공항에서 수하물 서비스 이용하기!

❶ 카트(손수레) 서비스: 터미널, 주차 구역 등에서 짐을 옮길 때 무료로 사용할 수 있다.

❷ 수하물 보관 서비스: 여행객을 위해 24시간 수하물 보관과 포장 서비스를 제공하고 있다. 수하물 보관이 필요하다면, 영어로 'Baggage Service' 또는 태국어로 **'รับฝากกระเป๋า**(랍팍-끄라빠오)'라고 적혀 있는 곳을 찾아보자.

신고할 것이 있습니까?

미– 씽 커–ㅇ 티– 떠–ㅇ 째–ㅇ 쑨라까–까–ㄴ 마이 크랍(/카)

มีสิ่งของที่ต้องแจ้งศุลกากรไหมครับ(/คะ)

없어요.

마이 미– 크랍(/카)

ไม่มีครับ(/ค่ะ)

이 가방 안에는 뭐가 들어
있습니까?

나이 끄라빠오 미– 아라이 바–ㅇ 크랍(/카)

ในกระเป๋ามีอะไรบ้างครับ(/คะ)

가방을 열어 주세요.

까루나– 쁘ㅓ–ㅅ 끄라빠오 크랍(/카)

กรุณาเปิดกระเป๋าครับ(/ค่ะ)

이것들은 모두
제 개인용품입니다.

커–ㅇ 푸–악 니– 뻰 커–ㅇ 차이 쑤–안 뚜–아 못 리–이
크랍(/카)

ของพวกนี้เป็นของใช้ส่วนตัวหมดเลย
ครับ(/ค่ะ)

이건 과세 대상입니다.

만 떠–ㅇ 씨–아 파–씨 크랍(/카)

มันต้องเสียภาษีครับ(/ค่ะ)

환전을 하려고 하는데요.

🎧 MP3 03-04

환전은 해외로 나가는 당일 공항에서 환전하는 것보다 여행 전 국내 은행에서 미리 하는 것이 유리하다. 최근에는 여행자와 유학생이 증가함에 따라 한국은행마다 해외 직불카드 서비스를 제공하고 있으며, 해외에서 사용 가능한 브랜드의 신용카드와 직불카드가 있으면 환전하지 않고 현지 공항이나 거리의 ATM기에서도 현지 화폐 'Baht, THB(밧)'을 인출할 수 있다.

핵심 표현

야ᅳᄀ 래ᅳᄀ 응원 크랍(/카)

อยากแลกเงินครับ(/ค่ะ)

TIP

태국에서 ATM기 사용법

한글 표기는 없어도 영어 버전은 있으므로 너무 긴장하지 말자.

01
카드 삽입

ATM기 상단에 사용 가능한 카드의 목록을 확인한 후, 카드를 삽입 한다.

02
비밀번호 입력

กรุณากดรหัสผ่าน (비밀번호를 입력하세 요) 문구가 뜨면, 한국 에서 카드 결제 시 입 력하는 비밀번호 4자리 를 입력한다.

03
계좌 유형 선택

현금을 인출하고 싶으면 ถอนเงิน(Withdraw Cash 현금 인출)을 선택 한다.

04
원하는 금액 선택

ถอนเงิน(출금) 버튼 을 누른 후 원하는 금 액을 선택한다.

05
현금 수령 및 카드 회수

돈을 받은 후, 화면에 있 는 รับบัตรคืน(카드 돌 려받기) 버튼을 눌러서 카드를 수령하자.

어디서 환전할 수 있죠?

래–ㄱ 응인 다이 티– 나이 크랍(/카)

แลกเงินได้ที่ไหนครับ(/คะ)

근처에 ATM기가 있나요?

태–우 니– 미– 뚜– 에–티–엠 마이 크랍(/카)

แถวนี้มีตู้เอทีเอ็มไหมครับ(/คะ)

달러를 태국 밧으로 바꿔 주세요.

까루나– 래–ㄱ 응인 던라– 뻰 응인 바–ㅅ 크랍(/카)

กรุณาแลกเงินดอลลาร์เป็นเงินบาท ครับ(/ค่ะ)

얼마나 환전하실 거예요?

짜– 래–ㄱ 응인 타오 라이 크랍(/카)

จะแลกเงินเท่าไรครับ(/คะ)

1500밧이요.

(능)판 하–러–이 바–ㅅ 크랍(/카)

1500 บาทครับ(/ค่ะ)

1000밧 10장이랑
500밧 20장으로 주세요.

커– 뱅 능판 바–ㅅ 씹 바이 래 뱅 하–러–이 바–ㅅ 이–씹 바이 크랍(/카)

ขอแบงค์ 1000 บาท 10 ใบ และแบงค์ 500 บาท 20 ใบครับ(/ค่ะ)

방콕 지도를 한 장 주세요.

⌂ MP3 03-05

공항에서 출발 전 안내소에 방문해 보자. 방콕 관광지도를 구하거나 관광지를 추천받을 수도 있으며, 만약 머물 숙소를 예약하지 못한 상태라면 숙소를 추천받을 수 있고 부탁하면 예약도 해준다. 대부분 공항이 생소하여 헤맬 수 있으므로 출발 전에 택시를 타는 장소나 공항버스 등의 위치를 문의해 보는 것도 좋은 방법이다.

핵심
표현

커– 패–ㄴ 티– 끄룽테–ㅂ 패–ㄴ 능 크랍(/카)

ขอแผนที่กรุงเทพ ฯ แผ่นหนึ่งครับ(/ค่ะ)

TIP

다운로드 해서 가면 좋은 앱

구글맵스 (Google Maps)		여행 갈 때 필수 앱! 미국이나 태국에서도 사용 가능하며, 한글로 입력해도 된다.
씨티맵퍼 (Citymapper)		대중교통 필수 앱! 실시간 교통 정보 및 요금과 칼로리 소모까지 알려준다. 모든 교통수단의 정보와 오프라인 맵까지 다운로드 가능하다. (미국, 영국, 유럽, 아시아에서도 사용 가능)
우버 (Uber)		택시를 더 저렴하고 효율적으로 이용할 수 있는 앱, 전 세계 대부분 대도시에서 사용 가능하다.
라인맨 (LINE MAN) : 태국의 카카오		태국에서는 LINE(라인) 메신저를 많이 사용한다. 라인맨은 택시 부르기, 배달 주문, 소포 보내기 등의 여러 가지 서비스를 함께 제공하고 있다.
타이 철도 노선도 (MRT, BTS)		'타이 철도 노선도'나 '방콕/BTS/MRT 지하철 노선도' 등을 쉽게 다운 받을 수 있다.

TIP

심카드 구입

현지에서 여행할 때 심카드를 구입하면, 간단한 전화문의에 활용할 수 있는 것 이외에도 와이파이가 없는 곳에서도 데이터를 사용할 수 있다. 따라서 데이터 사용을 필요로 하는 각종 앱을 이용하거나 구글 '길 찾기' 등을 사용할 때 편리하다.

여행자의 대부분은 선불 충전용 심카드를 사용하며, 심카드에 플러스로 요금제에 가입하도록 되어있는데, 여행자용으로 4G(7일) 같은 단기간 요금제도 있으므로 걱정하지 않아도 된다.

■ 심카드 구입 방법

❶ 공항 통신사별 부스 이용 : 공항 출입국 심사를 마치고 나오면 바로 앞에 통신사별 부스가 마련되어 있다.

공항의 AIS 12Call 부스

❷ 백화점 서비스 센터 이용 : 시내 백화점에는 통신사별 서비스 센터가 있으며, 공항에서 복잡하게 줄을 서지 않더라도 이곳에서 구입할 수 있다.

방콕의 파라곤 백화점 4층의 통신사 서비스 센터와 같이 대형 백화점 지점에는 영어를 할 수 있는 직원이 상주하고 있으니, 언어소통의 문제도 크게 걱정하지 않아도 된다.

파라곤 백화점 4층 DTAC 서비스 센터

01 라인 앱 이용하기

태국에서 일반적으로 가장 많이 이용되는 국민 메신저 앱은 라인(Line)이다. 태국에 갈 계획이 있고, 태국인 친구를 사귀고 싶다면 라인 앱을 미리 다운로드하고 가입해두는 것이 좋다. 태국에서는 한국의 카카오톡처럼 연락처를 주고받듯이 라인 친구 추가하는 것이 매우 보편적이기 때문이다. 라인의 친구 추가는 전화번호나 아이디로 검색하거나 QR코드 스캔을 통해 이루어진다.

02 라인맨 앱 이용하기

라인맨은 라인(Line) 메신저에서 넓고 다양한 이용 계층을 타깃으로 출시한 서비스 앱으로 '택시 부르기, 배달 주문, 소포 보내기' 등의 여러 가지 서비스를 함께 제공하고 있다. 단, 라인맨 앱을 추가로 설치해야 한다.

■ 모바일 택시 예약 서비스
라인맨을 통해 택시를 부르면 서비스 요금 20밧이 추가되지만, 원하는 곳을 태국어로 설명하지 않아도 앱을 통해 지도에서 출발지와 목적지를 선택하여 공유하기 때문에 편리하다.

■ 라인맨(배달) 서비스
고객이 지정하는 일을 대신해주는 라인맨 서비스는 고객이 원하는 음식을 대신 주문해서 숙소로 배달해준다. 이용 요금은 임무의 종류와 거리에 따라 책정된다.

관광안내소는 어디에 있나요?

쁘라차-쌈판 유- 티-나이 크랍(/카)

ประชาสัมพันธ์อยู่ที่ไหนครับ(/คะ)

공항연결 지상철은
어디에서 타나요?

큰 애-퍼-ㅅ링 다이 티-나이 크랍(/카)

ขึ้นแอร์พอร์ตลิงค์ได้ที่ไหนครับ(/คะ)

카오산 로드 가는 차는
몇 시에 있나요?

롯메- 빠이 타논 카-우싸-ㄴ 미- 끼- 모-ㅇ 크랍(/카)

รถเมล์ไปถนนข้าวสารมีกี่โมงครับ(/คะ)

약도를 한 장 그려 주세요.

까루나- 키-안 패-ㄴ티- 하이 너-이 크랍(/카)

กรุณาเขียนแผนที่ให้หน่อยครับ(/ค่ะ)

여기에서 호텔을
예약할 수 있나요?

쩌-ㅇ 로-ㅇ래-ㅁ 티-니- 다이 마이 크랍(/카)

จองโรงแรมที่นี่ได้ไหมครับ(/คะ)

값싼 호텔을 추천해 주세요.

까루나- 내남 로-ㅇ래-ㅁ 라-카- 투-ㄱ 하이 너-이
크랍(/카)

**กรุณาแนะนำโรงแรมราคาถูกให้หน่อย
ครับ(/ค่ะ)**

✻ 태국의 식생활 ✻

아침

점심

태국은 날이 덥고 대부분 맞벌이를 하는 경우가 많기 때문에 식사를 밖에서 사 먹는 것이 일반화되어있다. 그래서 이른 아침부터 간단한 아침식사를 팔기 위한 다양한 음식 리어카를 많이 볼 수 있다. 간단하게 먹을 수 있는 아침으로는 중국식 튀김빵인 '빠텅꼬(ปาท่องโก๋)'와 두유인 '남 따오 후(น้ำเต้าหู้)', 소화가 잘되는 죽과 같은 '쪽(โจ๊ก)', 돼지고기 꼬치인 '무삥(หมูปิ้ง)'과 찹쌀밥인 '카우니아우(ข้าวเหนียว)'등이 있다.

점심식사는 보통 국수나 덮밥 등의 한 그릇 음식으로 간단히 해결한다. '자신이 원하는 대로 바로 주문해서 먹을 수 있다'는 의미의 '아한 땀쌍(อาหารตามสั่ง)' 가게에서는 볶음밥이나 덮밥 등의 한 그릇 음식을 판매한다. 또한 가게에서 여러 가지 반찬을 미리 만들어 놓고 그 중 몇 가지 반찬을 골라 밥과 함께 먹을 수 있는 '카우랏깽(ข้าวราดแกง)' 가게도 있다. 가격은 반찬의 수와 종류에 따라 달라진다.

무삥

빠텅꼬

쌀국수

간편한
일회용 덮밥

저녁

저녁에는 가족이나 친구들과 함께 식당에서 먹거나 직접 조리해 먹는 경우도 있지만, 보통 퇴근길에 반찬 몇 가지를 사 가는 경우도 많다. 이때, 국을 포함한 모든 음식을 국물이 전혀 새지 않도록 담아주는 것이 인상적이다. 이런 포장 방식을 '봉투에 담는다'라는 의미로 '싸이 퉁(ใส่ถุง)'이라고 한다. 태국의 도심에는 1인 가구 비중도 높아 이른바 혼밥을 하는 사람들을 쉽게 찾아볼 수 있다.

싸이 퉁

★ 식사 예절 팁!

태국인들은 여러 가지 반찬을 식탁의 가운데 놓고, 반찬마다 덜 때 사용하는 숟가락을 따로 놓는다. 또한 밥도 큰 볼에 담아 조금씩 개인 접시에 덜어 먹는다. 그러므로 개인 숟가락으로 반찬이나 밥을 덜지 않도록 주의하자. 밥이나 반찬은 중간중간 더 덜어서 담을 수 있으므로 처음부터 많이 담지 않는것이 좋다. 국수를 먹을 때를 제외하고, 일반적인 식사는 숟가락과 포크를 사용하며 오른손잡이를 기준으로 오른손엔 숟가락을, 왼손엔 포크를 잡는다. 국수를 먹을 때는 젓가락을 사용한다.

Part 4
교통수단

지하철 이용하기
버스 이용하기
택시 이용하기
기차 이용하기

#태국 영화 속 그 장소

지하철로 풀만 호텔에 갈 수 있나요?

🎧 MP3 04-01

초보 여행자라면 여행을 준비하면서 태국 공항에서 첫 번째 목적지까지 가는 최적의 교통수단을 선택하고 가는 방법과 주소 등을 미리 메모해 두는 것이 좋다. 만약 도심으로 이동하고 짐이 많지 않다면 공항철도(Airport Rail Link, ARL)를 이용하는 것도 좋다. 거리에 따라 가격이 다르며 약 15~45밧(약 600~1,500원) 정도이다. 공항철도의 가장 큰 장점은 교통체증이 없고, 택시 기사와의 의사소통 어려움에 대한 부담이 없다는 것이다. 한국의 지하철에 익숙하다면 태국에서 공항철도나 지상철, 지하철을 이용하는데 어려움은 없을 것이다.

핵심
표현

빠이 로-ㅇ 래-ㅁ 푸-매-ㄴ 도-이 롯퐈이따이딘 다이 마이 크랍(/카)

ไปโรงแรมพูลแมนโดยรถไฟใต้ดินได้ไหมครับ(/คะ)

TIP

BTS(지상철) 이용하기

태국에는 BTS(지상철)와 MRT(지하철)가 따로 있다. 전철 티켓은 창구에서 직접 구매해도 되지만, 티켓용 발매기가 별도로 배치되어 있으므로 도전해보자.

발매기 화면에 노선도를 보고 출발지와 목적지를 선택 후 산출된 금액을 지불하면 티켓이 나온다.

티켓의 뒷면에는 전철 노선도가 있다.

※ **주의 사항**

태국의 지하철과 지상철에서는 물을 포함한 모든 음료와 음식 섭취가 엄격히 금지되어 있다. 뚜껑이 없는 음료는 들고 탈 수 없으며, 뚜껑이 있는 음료는 뚜껑을 닫아 가방에 넣어야 한다. 지하철의 경우 입구에 보안요원이 있으며 보안 검색대를 반드시 통과해야 한다. 이때 보안요원이 가방 검사를 요청할 수도 있다.

공항선은 어디에서 타야 해요?

큰 애-퍼-ㅅ링 티- 나이 크랍(/카)

ขึ้นแอร์พอร์ตลิงค์ที่ไหนครับ(/คะ)

매표소는 어디에 있나요?

처-ㅇ 짬나-이 뚜-아 유- 티-나이 크랍(/카)

ช่องจำหน่ายตั๋วอยู่ที่ไหนครับ(/คะ)

시암역에 가려면 어떤 노선을
타야 해요?

타- 짜 빠이 싸타-니 싸야-ㅁ 떠-ㅇ
큰 싸-이 아라이 크랍(/카)

ถ้าจะไปสถานีสยามต้อง
ขึ้นสายอะไรครับ(/คะ)

그랜드 하얏트 호텔에 가려면
어디에서 내려요?

타-짜 빠이 로-ㅇ래-ㅁ 끄래-ㄴ 하이 애-ㅅ 떠-ㅇ 롱
티-나이 크랍(/카)

ถ้าจะไปโรงแรมแกรนด์ไฮแอทต้องลง
ที่ไหนครับ(/คะ)

어디서 갈아 타면 돼요?

쁠리-안 싸-이 다이 티-나이 크랍(/카)

เปลี่ยนสายได้ที่ไหนครับ(/คะ)

시암 파라곤쪽 출구가 어디죠?

타-ㅇ어-ㄱ 빠이 티- 싸야-ㅁ 파-라- 꺼-ㄴ
유- 티- 나이 크랍(/카)

ทางออกไปที่สยามพารากอน
อยู่ที่ไหนครับ(/คะ)

버스로 카오산 로드에 갈수 있어요?

🎧 MP3 04-02

버스는 에어컨 버스와 에어컨이 없는 버스가 있으며, 안내원이 버스에서 직접 요금을 받고 표를 끊어준다. 에어컨 버스는 구간별로 금액이 다른 반면 에어컨이 없는 버스는 구간에 상관없이 요금이 같다. 그러나 방콕은 특히 교통체증이 매우 심하고, 같은 버스 노선이더라도 간혹 운전석에 둔 안내판에 따라 종점을 달리하는 경우가 있기 때문에, 단기 여행을 간 외국인이 이용하기 쉽지 않다. 하지만 모험적인 여행을 좋아한다면 버스를 타고 현지인의 삶을 엿보는 것도 좋은 경험이 될 것이다.

핵심 표현

빠이 타논 카우싼 도–이 롯메– 다이 마이 크랍(/카)

ไปถนนข้าวสารโดยรถเมล์ได้ไหมครับ(/คะ)

TIP

태국 버스 이용법

버스표는 운행 중간에 버스회사의 직원이 표 확인을 요구하는 경우가 있으므로 버스를 타고 가는 동안 분실하지 않도록 잘 보관해야 한다. 또한 다양한 색깔의 버스들이 있지만, 보통 주황색은 에어컨 버스이고 빨간색은 에어컨이 없는 버스이므로, 시원한 여행을 위해 알아두자.

에어컨 버스(주황색)   에어컨 없는 버스(빨간색)   버스표

โปรดเอื้อเพื่อที่นั่งแก่
พระภิกษุ สามเณร เด็ก สตรีมีครรภ์ และคนชรา
Please offer the seat to those in need.

승려석

※주의 사항

태국의 모든 대중교통에는 우리나라의 노약자석과 같은 좌석에 또 다른 기능이 있다. 바로 승려가 앉을 수 있는 '승려석'이 있다. 승려는 여성과 닿거나 여성 옆에 앉을 수 없으므로 남성 여행객이라면 승려 옆에 앉아도 되지만, 여성 여행객의 경우 승려 옆에 빈자리가 있더라도 절대 앉으면 안 된다.

버스 정류장은 어디예요?

빠^-이 롯메- 유- 티-나^이 크랍(/카^)

ป้ายรถเมล์อยู่ที่ไหนครับ(/คะ)

(버스 기사에게)
시암에 가나요?

빠이 싸야^-ㅁ 마^이 크랍(/카^)

ไปสยามไหมครับ(/คะ)

싸판딱씬역까지 몇 정거장이나
더 가야 해요?

꽈^-짜 틍 싸타-니- 싸파^-ㄴ 따^-ㄱ씬 떠^-ㅇ 빠이
이^-ㄱ 끼- 싸타^-니- 크랍(/카^)

**กว่าจะถึงสถานีสะพานตากสินต้องไป
อีกกี่สถานีครับ(/คะ)**

(버스에서)
다음에 내리세요.

롱 티- 빠^-이 탓 빠이 크랍(/카^)

ลงที่ป้ายถัดไปครับ(/ค่ะ)

내릴 사람 있어요?

미- 크라이 짜 롱 마^이 크랍(/카^)

มีใครจะลงไหมครับ(/คะ)

잠시만요, 내릴게요.

디^-아우 크랍(/카^) 짜 롱 라 크랍(/카^)

เดี๋ยวครับ(/ค่ะ) จะลงละครับ(/ค่ะ)

+PLUS
ㅁ 내려요, 내려! 롱 라 크랍(/카^) ลงละครับ(/ค่ะ)

그랜드 하얏트 호텔로 가 주세요.

🎧 MP3 04-03

태국의 교통편에 익숙하지 않거나 여행 가방이 크다면 택시를 이용할 것을 권한다. 공항에서 택시를 탄다면 1층에서 대기하고 있는 '퍼블릭 택시(Public Taxi)'를 이용하는 것이 좋다. 이 경우 50밧(약 1,700원)의 서비스 요금이 부과되지만, 미리 목적지를 시스템에 입력하기 때문에 의사소통이 어렵더라도 목적지와 다른 곳으로 가거나 바가지를 쓸 위험이 적다. 다만, 수완나품 공항에서 방콕 시내까지 택시를 타면 대략 300~800밧 정도의 요금이 나오지만 차가 많이 밀리는 시간에는 요금 산정이 어려울 수 있다.

핵심
표현

빠이 티– 로–ㅇ래–ㅁ 끄래–ㄴ 하이 애–ㅅ 크랍(/카)

ไปที่โรงแรมแกรนด์ไฮแอทครับ(/ค่ะ)

TIP

택시를 이용할 때

❶ 방콕 택시 기본요금 : 35밧부터 시작. (1km까지 기본요금, 이후 1km에 5~6밧씩 인상)
그러나 우리나라와 마찬가지로 멈춰있더라도 일정 시간이 지나면 요금이 자동으로 올라간다.

❷ 태국에서는 밤에 따로 할증요금이 부과되지 않는다.

❸ 빈 택시 표시 : 운전석 옆에 ว่าง(와–ㅇ)이라는 글씨에 빨간불이 켜진 택시는 빈 택시를 의미한다.

❹ 방콕 시내가 아닌 파타야와 같은 다른 도시로 이동할 때는 일반적으로 미터기 요금으로 가지 않고, 미리 택시기사와 요금을 합의한 뒤에 이동한다.

❺ 태국의 일반 택시는 영수증을 제공하지 않는다. 단, 공항에서 50밧의 서비스 요금을 지불하는 '퍼블릭 택시(Public Taxi)'를 탔을 때는 영수증을 제공한다.

■ 퍼블릭 택시(Public Taxi) 이용하기
태국 공항 1층에 택시 서비스를 이용하기 위한 번호표 출력 기계에서 목적지를 입력한 후 은행 창구 이용방법과 같이 자신의 번호표에 나온 대로 순서대로 탑승한다.

영수증

트렁크 좀 열어 주시겠어요?

까루나– 쁘ㅓ–ㅅ 타–이 롯 하이 너–이 크랍(/카)

กรุณาเปิดท้ายรถให้หน่อยครับ(/ค่ะ)

이 주소로 가 주세요.

까루나– 파– 빠이 따–ㅁ 티–유– 티–니– 크랍(/카)

กรุณาพาไปตามที่อยู่ที่นี้ครับ(/ค่ะ)

가까운 길로 가 주시겠어요?

까루나– 빠이 타–ㅇ 티– 끌라이 티–쑷 크랍(/카)

กรุณาไปทางที่ใกล้ที่สุดครับ(/ค่ะ)

공항까지 얼마나 걸리죠?

꽈–짜 틍 싸나–ㅁ빈 떠–ㅇ 차이 웰라– 타오라이 크랍(/카)

กว่าจะถึงสถานบินต้องใช้เวลาเท่าไร
ครับ(/ค่ะ)

20분이면 도착 가능합니다.

빠이 이–ㄱ 이–씹 나–티– 꺼– 틍 크랍(/카)

ไปอีก 20 นาทีก็ถึงครับ(/ค่ะ)

얼마예요?

타오라이 크랍(/카)

เท่าไรครับ(/ค่ะ)

기차 이용하기

침대칸 표가 남아 있나요?

🎧 MP3 04-04

여행을 길게 가거나 유학인 경우, 보통 다른 도시도 가 보고 싶기 마련이다. 이럴 때는 기차를 이용해 보자. 태국에서는 5~6시간을 기차로 이동하는 건 아무것도 아니어서 먼 곳의 경우, 10시간 이상 기차를 타고 가기도 한다. 좌석은 침대칸으로 되어 있는 1등칸, 좌석을 뒤로 많이 젖힐 수 있는 2등칸, 그리고 일반 의자로 되어있는 3등칸으로 나누어진다. 멀리 간다면 침대칸(ตู้นอน: 뚜- 너-ㄴ)을 이용해 보는 것도 태국 여행의 색다른 즐거움을 위해 좋을 것이다.

핵심
표현

미- 뚜-아 롣퐈이 뚜- 너-ㄴ 르-아 유- 마이 크랍(/카)

มีตั๋วรถไฟตู้นอนเหลืออยู่ไหมครับ(/คะ)

TIP

예약 사이트 및 앱 이용하기

❶ 기차 온라인 예약 사이트 : www.thairailwayticket.com/eTSRT

(온라인, 앱 모두 영어 지원)

기차 예약 앱
Thai Railway

❷ 장거리용 고급버스 예약 사이트 : www.pns-allthai.com

예매 창구 간판의 999 번호는 고급 장거리 노선 버스 이름이다.
(온·오프라인, 앱 : 영어 지원 안 됨)

편도로 드릴까요,
왕복으로 드릴까요?

짜 아오 뚜ᆢ아 카ᅳ 디ᅳ아우 르ᅳ 빠이 끌랍 크랍(/카)

จะเอาตั๋วขาเดียวหรือไปกลับครับ(/คะ)

왕복표 한 장 주세요.

커ᅳ 뚜ᆢ아 빠이 끌랍 능 바이 크랍(/카)

ขอตั๋วไปกลับหนึ่งใบครับ(/ค่ะ)

좌석으로 드릴까요,
침대칸으로 드릴까요?

짜 아오 배ᆢㅂ 뚜ᅳ 너ᅳㄴ 르ᅳ 배ᆢㅂ 낭 크랍(/카)

จะเอาแบบตู้นอนหรือแบบนั่งครับ(/คะ)

일반 침대 위에 칸으로
두 장이요.

커ᅳ 뻰 배ᆢㅂ 뚜ᅳ 너ᅳㄴ 띠ᆢ앙 본 써ᆢㅇ 바이 크랍(/카)

ขอเป็นแบบตู้นอนเตียงบน 2ใบครับ(/ค่ะ)

+PLUS
□ **아래 칸** 띠ᅳ앙 라ᅳㅇ เตียงล่าง

표를 환불하고 싶은데요.

야ᅳᄀ 키ᅳㄴ 뚜ᆢ아 크랍(/카)

อยากคืนตั๋วครับ(/ค่ะ)

기차에 물건을 두고 내렸어요.

르ᅳㅁ 커ᅳㅇ 와이 본 롯 퐈이 크랍(/카)

ลืมของไว้บนรถไฟครับ(/ค่ะ)

* 태국 영화 속 그 장소 *

《화양연화》 속 '방락 소방서
(บริเวณสถานีดับเพลิงบางรัก)'

중국 영화라고 알고 있는 화양연화의 한 장면
이 태국에서 촬영되었다는 사실을 아는 사람
은 그리 많지 않을 것이다. 사실 이 영화는 3개
국(중국, 캄보디아, 태국)에서 촬영되었으며, 그
중 방락의 소방서 부근이 태국에서 촬영된 장
소이다. 방락은 방콕에 있는 지명으로 방콕을
여행 중이라면 한 번쯤 들러보자.

「화양연화」

방락의 소방서 부근

《피막》의 '왓 마하붓 사원(วัดมหาบุศย์)'

국내 수입된 태국 영화 중 '피막'이 있다. 한국
에 수입된 이 영화는 코미디 영화로 재해석된
버전이지만, 사실 이 영화의 이야기는 사랑을
이루지 못하고 죽은 여인의 한을 담은 공포물
이다. 이 영화의 모티브가 된 이야기는 실제로
있었다고 전해지는데, 왓 마하붓 사원에 이야
기 속 죽은 여인을 기리는 사당이 있다. 이 사
당에 소원을 빌면 이뤄진다고 하여 많은 사람
이 찾지만, 주의할 점은 사랑에 대한 소원은 빌
지 않도록 해야 한다고 한다.

「피막」

왓 마하붓 사원

《제임스 본드 시리즈》,
《더 비치》의 '피피섬(เกาะพีพี)'

로저 무어 주연의 007 영화 《황금총을 가진 사나이 The Man with the Golden Gun》의 야외촬영 장소로 유명해서 일명 '제임스 본드 섬'으로 잘 알려진 이곳은 태국 남부의 '피피섬(เกาะพีพี)'이다. 뜨거운 태양과 하얀 모래사장이 대비를 이루는 아름답고 한적한 곳으로 레오나르도 디카프리오 주연의 《더 비치》가 촬영되기도 했다.

피피섬

「007 황금총을 가진 사나이」 「더 비치」

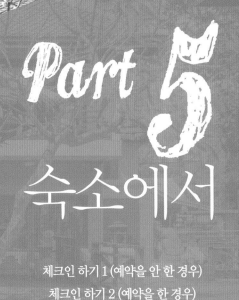

Part 5
숙소에서

방을 예약하려고 하는데요.

🎧 MP3 05-01

여행에서 숙소는 비용뿐만 아니라 휴식을 취하는 장소로 큰 비중을 차지한다. 미리 검색 후, 예약하고 가는 것이 가장 좋으나 혹시 준비하지 못했다면 공항 안내소에서 추천받거나 당일 예약이 가능한 숙소를 찾으면 된다. 단, 연휴 기간에는 빈방이 없거나 가격이 매우 비쌀 수 있으므로 주의하자!

핵심
표현

야̀ㄱ 짜 쩌̄-ㅇ 허̂-ㅇ 크랍(/카̀)

อยากจะจองห้องครับ(/ค่ะ)

TIP

태국 호텔 알고 가기

우리나라가 호텔 등급을 무궁화로 표시하는 것처럼 태국 역시 별을 사용해 호텔의 등급을 표시한다.

❶ 태국의 호텔 등급을 표시하는 별의 경우 5성급이 가장 높고 별의 개수가 적을수록 등급이 떨어진다. 관광이 발달한 태국은 숙소가 잘 발달되어 있어 선택의 폭이 넓은 편이다.

❷ 태국 호텔은 입실할 때 방값과 열쇠과 내부 시설에 대해 책정된 보증금을 먼저 지불해야 한다. 대형 호텔의 경우 보증금은 보통 신용카드로 하고, 퇴실할 때 각종 부대비용 및 기물 손실 비용 등을 계산 하도록 한다. 간혹 작은 숙소의 경우 현금으로만 결제해야 하는 경우도 있다.

※**주의 사항**

보증금 영수증과 숙박비 영수증을 잘 보관 후 퇴실할 때 제시하자.

한국어 하실 수 있는 분 있나요?

미– 콘 푸–ㅅ 파–싸– 까올리– 마이 크랍(/카)

มีคนพูดภาษาเกาหลีไหมครับ(/คะ)

예약을 안 했는데요.

마이 다이 짜–ㅇ 허–ㅇ 와이 크랍(/ค่ะ)

ไม่ได้จองห้องไว้ครับ(/ค่ะ)

빈방 있나요?

미– 허–ㅇ 와–ㅇ 마이 크랍(/카)

มีห้องว่างไหมครับ(/คะ)

어떤 방을 원하십니까?

떠–ㅇ 까–ㄴ 허–ㅇ 배–ㅂ 나이 크랍(/카)

ต้องการห้องแบบไหนครับ(/คะ)

싱글룸으로 주세요.

커– 허–ㅇ 띠–앙 디–아우 크랍(/카)

ขอห้องเตียงเดี่ยวครับ(/ค่ะ)

+PLUS
□ 더블룸 허–ㅇ 띠–앙 쿠– ห้องเตียงคู่
□ 스탠다드룸 허–ㅇ 싸때–ㄴ 다–ㅅ ห้องสแตนดาร์ด

방 안에 욕실은 있나요?

나이 허–ㅇ 미– 허–ㅇ 아–ㅂ 나–ㅁ 마이 크랍(/카)

ในห้องมีห้องอาบน้ำไหมครับ(/คะ)

체크인을 하고 싶은데요.

🎧 MP3 05-02

숙소를 저렴하게 이용하려면 여행을 떠나기 전 미리 검색 후 예약하고 가자. 미리 예약을 하면 대부분의 호텔이 원래 가격에서 할인을 해준다. 또한, 비수기를 택하는 것이 좋은데 성수기와 비수기의 요금 차이가 매우 크기 때문이다. 숙소 예약은 예산에 맞게 인터넷이나 여행사를 통해서 하면 된다.

**핵심
표현**

야ˋㄱ 짜 첵인 크랍(/카)

อยากจะเช็คอินครับ(/ค่ะ)

TIP

태국의 숙소 알고 가기

❶ 저렴한 숙소를 찾고 있다면, 게스트 하우스(**เกสต์เฮาส์** 께ˋ-ㅅ 하오)에 머물 수도 있다. 게스트 하우스는 도미토리 형식으로 한 방을 여러 명이 사용하고 공동 화장실과 샤워장으로 되어 있다.

❷ 저렴한 숙소의 경우 냉/온수가 분리되어 있지 않고 하나의 호스에 온수기를 설치해 둔 경우가 대부분이다.

❸ 일반적으로 태국의 화장실에는 변기 옆에 호스가 있는데, 이 호스는 용변 후 닦아내는 비데와 같은 쓰임이다.

비데 호스

예약하셨습니까?

짜–ㅇ 허–ㅇ 와이 르– 쁠라오 크랍(/카)

จองห้องไว้หรือเปล่าครับ(/คะ)

네, 이름은
김대훈(/김다정)입니다.

크랍(/카), 폼(/디찬) 츠– 김 대 훈(/김 다 정) 크랍(/카)

ครับ(/ค่ะ) ผม(/ดิฉัน) ชื่อ
คิม แท ฮุน(/คิม ทา จอง) ครับ(/ค่ะ)

먼저 이 서류를 작성해 주세요.

까루나– 끄러–ㄱ 에–ㄱ까싼–ㄴ 니– 꺼–ㄴ 크랍(/카)

กรุณากรอกเอกสารนี้ก่อนครับ(/ค่ะ)

8층 805호이고,
룸카드는 여기 있습니다.

허–ㅇ 빼–ㅅ쑤–ㄴ하– 유– 찬 빼–ㅅ
래 니– 크– 키–까–ㅅ 크랍(/카)

ห้อง 805 อยู่ชั้น 8
และนี่คือคีย์การ์ดครับ(/ค่ะ)

체크아웃은 몇 시까지인가요?

떠–ㅇ 첵 아오 까– 모–ㅇ 크랍(/카)

ต้องเช็คเอาท์กี่โมงครับ(/คะ)

아침식사는
몇 시부터 제공하나요?

미– 버–리까–ㄴ 아–하–ㄴ 차오 땅때– 까–모–ㅇ 크랍(/카)

มีบริการอาหารเช้าตั้งแต่กี่โมงครับ(/คะ)

와이파이 비밀번호가 뭐예요?

🎧 MP3 05-03

호텔 숙박 시 호텔에서 제공되는 다양한 서비스를 이용해 보자. 태국 호텔은 대부분 객실 내에 비치된 음료, 컵라면 간식거리 등도 모두 요금이 있으니 먹기 전에 반드시 확인하고 이용해야 한다. 또한, 태국의 대형 호텔 내에는 헬스클럽, 비즈니스센터, 수영장, 사우나, 식당 등의 시설이 갖추어져 있다. 만약 호텔 직원이 자신의 짐을 방까지 가져다 주었다면 약 20~50밧의 팁을 주는 것이 예의이다.

핵심
표현

라핫 와이 파이 크– 아라이 크랍(/카)

รหัสไวไฟคืออะไรครับ(/คะ)

TIP

호텔 투어 데스크 서비스(Tour Desk)

여행지에 익숙하지 않은 여행객의 경우 호텔에서 가장 편하게 도움받을 수 있는 곳으로 '투어 데스크'가 있다. 호텔 투어 데스크는 고급 호텔 또는 휴양지 호텔에는 일반화된 서비스로 근처 유명 음식점 예약뿐만 아니라 항공편 예약, 관광지 안내 등 투숙객의 다양한 요구를 들어준다.

※참고로 호텔에 관한 일반 문의 사항은 프런트 직원에게
  하면 된다. 작은 호텔의 경우, 프런트 직원이 투어 데스크
  의 업무를 대신하기도 한다.

제 짐을 좀 방으로
옮겨 주세요.

까루나 쏭 끄라빠오 커–ㅇ 폼(/디찬) 틍 티– 허–ㅇ
너–이 크랍(/카)

กรุณาส่งกระเป๋าของผม(/ดิฉัน)ถึงที่ห้อง
หน่อยครับ(/ค่ะ)

여기 1103호인데요.

니– 허–ㅇ 능능쑤–ㄴ 싸–ㅁ 크랍(/카)

นี่ห้อง 1103 ครับ(/ค่ะ)

수건 좀 더 가져다 주세요.

커– 파– 쳇 뚜–아 핌 너–이 크랍(/카)

ขอผ้าเช็ดตัวเพิ่มหน่อยครับ(/ค่ะ)

내일 아침 6시에 모닝콜 좀
부탁드려요.

까루나 토– 쁠룩 프룽니–떠–ㄴ 혹 모–ㅇ 차오 하이
너–이 크랍(/카)

กรุณาโทรปลุกพรุ่งนี้ตอน 6 โมงเช้าให้
หน่อยครับ(/ค่ะ)

이 호텔에 공항 셔틀버스가
있나요?

나이 로–ㅇ래–ㅁ 미– 롯 랍쏭 틍 싸나–ㅁ빈 마이
크랍(/카)

ในโรงแรมมีรถรับส่งถึงสนามบินไหม
ครับ(/คะ)

택시 좀 불러주시겠어요?

추–아이 리–악 택씨– 하이 너–이 크랍(/카)

ช่วยเรียกแท็กซี่ให้หน่อยครับ(/คะ)

에어컨이 고장 난 거 같아요.

🎧 MP3 05-04

호텔 숙박 시 발생하는 여러 문제에 대해서는 호텔의 프런트 데스크에 연락하면 직원의 도움을 받을 수 있다.

핵심
표현

쏭 싸이 애– 씨–아 크랍(/카)

สงสัยแอร์เสียครับ(/ค่ะ)

TIP

알아두면 좋은 호텔 관련 단어

럽비–	카오뜨ᅥ–떠–ㄴ랍	허–ㅇ팍	타–ㅇ 니– 퐈이
ล็อบบี้	**เคาน์เตอร์ต้อนรับ**	**ห้องพัก**	**ทางหนีไฟ**
로비	프런트	객실	비상구

카– 맛짬	바이 쎗	뚜– 옌	티–위–
ค่ามัดจำ	**ใบเสร็จ**	**ตู้เย็น**	**ทีวี**
보증금	영수증	냉장고	텔레비전

라–모–ㅅ	애–	띠–양	파– 뿌– 티– 너–ㄴ
รีโมท	**แอร์**	**เตียง**	**ผ้าปูที่นอน**
리모컨	에어컨	침대	시트

쁘래–ㅇ 씨– 퐌	야– 씨– 퐌	토– 쑤–암 / 착 크로–ㄱ	
แปรงสีฟัน	**ยาสีฟัน**	**โถส้วม / ชักโครก**	
칫솔	치약	변기	

여행 가서 바로 쓰는 문장

인터넷이 안 돼요.

ใช้อินเทอร์เน็ตไม่ได้ครับ(/ค่ะ)

뜨거운 물이 안 나와요.

น้ำไม่ร้อนครับ(/ค่ะ)

침대 시트가 더러워요,
바꿔주세요.

ผ้าปูที่นอนสกปรก
กรุณาเปลี่ยนให้หน่อยครับ(/ค่ะ)

변기가 막혔어요.

ชักโครกตันครับ(/ค่ะ)

룸카드를 안 가지고 나왔어요.

ไม่ได้เอาคีย์การ์ดมาครับ(/ค่ะ)

바로 사람을 보내도록
하겠습니다.

เดี๋ยวจะส่งคนให้ครับ(/ค่ะ)

지금 체크아웃 할게요.

🎧 MP3 05-05

태국 호텔의 일반적인 퇴실 시간은 다음 날 오전 11~12시 사이다. 입실할 때 퇴실 시간을 프런트에서 미리 확인하고, 시간이 지나면 추가 요금이 얼마나 붙는지 미리 확인해 두는 것이 좋다. 또한, 입실 시 냈던 보증금도 돌려받도록 하자.

**핵심
표현**

짜 첵 아오 떠−ㄴ 니− 크랍(/카)

จะเช็คเอาท์ตอนนี้ครับ(/ค่ะ)

TIP

체크아웃 하기 전에 다시 한번 확인!

☑ 짐을 급하게 챙기지 말자! 짐은 퇴실 전날 최대한 여유를 갖고 정리하는 게 좋다.
출발하는 당일 짐을 챙기느라 부랴부랴 서두르다 보면 물건을 쉽게 빠트린다.

☐ 빠진 짐은 없는지 다시 한번 확인하자(특히 여권 소지 여부 및 귀중품 등)!
⒤ 팩을 산 후, 냉장 보관 중이라면 냉장고 안도 다시 보자.

☐ 기내 반입이 불가한 물품은 미리 검색 후, 캐리어 안에 넣어두자.

☐ 공항까지 어떤 교통수단을 이용할지, 시간이 얼마나 걸리는지 등을 다시 한번
확인하자.

미리 체크아웃해도 될까요?

첵 아오 꺼-ㄴ 웰라- 다이 마이 크랍(/카)

เช็คเอาท์ก่อนเวลาได้ไหมครับ(/คะ)

좀 늦게 체크아웃해도 되나요?

첵 아오 레-ㅅ 너-이 다이 마이 크랍(/카)

เช็คเอาท์เลทหน่อยได้ไหมครับ(/คะ)

계산서이니,
한번 확인해 주세요.

니- 크- 빈, 까루나- 첵 이-ㄱ 크랑 크랍(/카)

นี่คือบิล กรุณาเช็คอีกครั้งครับ(/ค่ะ)

이건 무슨 요금이죠?

니- 카- 아라이 크랍(/카)

นี่ค่าอะไรครับ(/คะ)

이건 드신 맥주 비용입니다.

니- 크- 카- 비-아 티- 쿤 드-ㅁ 크랍(/카)

นี่คือค่าเบียร์ที่คุณดื่มครับ(/ค่ะ)

계산이 잘못된 거 같습니다.

쏭싸이 캄누-안 응언 핏 크랍(/카)

สงสัยคำนวณเงินผิดครับ(/ค่ะ)

✳ 숙소 유형 살펴보기 ✳

여행 계획을 짤 때 볼거리나 음식을 먹는데 예산을 많이 책정하면 저렴한 숙소를 선택할 것이고 편안한 잠자리를 중요하게 생각하면 비싸더라도 좋은 숙소를 고를 것이다. 숙소는 여행 경비 중 항공권 다음으로 비용이 많이 드는 항목이므로 여행 전에 숙소를 꼼꼼히 살펴보자.

고급 호텔

숙박료에 예산을 높게 잡았다면 여행에서 또 하나의 추억과 휴식이 될 수 있는 럭셔리 고급 호텔을 선택해 보자.

★고급 호텔 체인 추천

시암 켐핀스키 호텔 방콕
(Siam Kempinski Hotel Bangkok)
홈페이지 : www.kempinski.com

방콕 메리어트 마르퀴스 퀸즈 파크
(Bangkok Marriott Marquis Queen's Park)
홈페이지 : www.marriott.com

비즈니스 호텔

숙소, 음식, 관광 중에서 어느 것 하나도 포기할 수 없다면 합리적인 가격과 쾌적한 환경을 제공하는 비즈니스 호텔을 선택해보자.

★비즈니스 호텔 체인 추천

그란데 센터 포인트 호텔 터미널 21
(Grande Centre Point Hotel Terminal 21)
홈페이지 : www.grandecentrepointterminal21.com

갤러리아 12 수쿰윗 방콕 바이 컴퍼스 호스피탈리티
(Galleria 12 Sukhumvit Bangkok by Compass Hospitality)
홈페이지 : www.galleria12bangkok.com

비비트 호스텔 방콕(ViVit Hostel Bangkok)
홈페이지 : www.vivithostel.com

게스트하우스
태국을 여행하는 다양한 사람들을 만나고 싶다면, 저렴하면서도 실속 있는 유스호스텔을 선택해 보자.

★게스트하우스 맛보기

플로엔 방콕 호스텔 카오산
(Ploen Bangkok Hostel Khaosan)
홈페이지 : ploen-bangkok-hostel.business.site

예약은 어디에서 하는 게 좋을까?
태국 호텔이나 호스텔은 아고다, 부킹닷컴, 익스피디아, 트립어드바이저 등 전세계 예약사이트에 많이 올라와 있어 원하는 조건에 맞는 숙소를 쉽게 예약할 수 있다.

★예약 사이트
아고다 : www.agoda.com
부킹닷컴 : www.booking.com
익스피디아 : www.expedia.co.kr
트립어드바이저 : www.tripadvisor.co.kr

트립어드바이저에서는 숙소 예약뿐 아니라 전 세계 여행객들의 맛집, 여행지 등의 리뷰를 공유하고 있다.

Part 6

거리에서

길 물어보기
길을 잃어버렸을 때
#태국 길거리 음식

머칫2 버스 터미널까지 어떻게 가나요? 🎧MP3 06-01

여행을 하다 보면 지도를 봐도 도무지 가려고 하는 장소를 찾지 못할 때가 있다. 그럴 때 아래 핵심 표현을 사용해 길을 물어보자.

핵심
표현

빠이 싸타̆-니- 콘̌ 쏭̀ 머̆- 칟 써̆-ㅇ 야̀-ㅇ라이 크랍(/카̀)

ไปสถานีขนส่งหมอชิต 2 อย่างไรครับ(/คะ)

TIP

간판 미리보기!

해외에 가기 전에 미리 간판 모양과 주요 단어의 뜻을 파악해두면, 길을 찾는데 도움이 된다.

허̆-ㅇ 나̗-ㅁ / 쑤카̆-

ห้องน้ำ / สุขา

화장실

롣 퐈이 따이 딘

รถไฟใต้ดิน

지하철

싸타̆-니- 땀루-앗 / 써̆-너̆-

สถานีตำรวจ / ส.น.

경찰서

타나-카-ㄴ

ธนาคาร

은행

쁘라이싸니-

ไปรษณีย์

우체국

로-ㅇ 파야-바-ㄴ

โรงพยาบาล

병원

여행 가서 바로 쓰는 문장

(메모한 목적지를 보여주며)
여기로 가고 싶은데요.

야-ㄱ 빠이 티-니- 크랍(/카)

อยากไปที่นี่ครับ(/ค่ะ)

이 근처에 화장실이 있나요?

태-우 니- 미- 허-ㅇ 나-ㅁ 마이 크랍(/카)

แถวนี้มีห้องน้ำไหมครับ(/คะ)

있어요, 계속 직진하세요.

미- 크랍(/카), 드ㅓ-ㄴ 뜨롱빠이 크랍(/카)

มีครับ(/ค่ะ) เดินตรงไปครับ(/ค่ะ)

여기서 가장 가까운 약국은
어디에 있나요?

라-ㄴ 카-이 야- 티- 끌라이 티- 쑷 유- 티- 나이 크랍(/카)

ร้านขายยาที่ใกล้ที่สุดอยู่ที่ไหนครับ(/คะ)

동물원을 찾고 있어요.

깜랑 하- 쑤-안 쌋 유- 크랍(/카)

กำลังหาสวนสัตว์อยู่ครับ(/ค่ะ)

얼마나 걸리죠?

차이 웰라- 타오라이 크랍(/카)

ใช้เวลาเท่าไรครับ(/คะ)

길을 잃었어요.

🎧 MP3 06-02

최근에는 대부분의 여행객들이 길을 찾아주는 앱을 사용해서 길을 잃거나 헤매는 경우가 거의 없다. 하지만 현지의 숨은 맛집이나 멋집 등은 앱 지도에서 찾기가 힘들다. 그럴 때 아래의 핵심 표현을 사용해 길을 물어보자.

핵심 표현

롱 타−ㅇ 크랍(/카)

หลงทางครับ(/ค่ะ)

TIP

방향을 나타내는 표현!

길을 물어봐도 태국어를 못하면 알아들을 수 없다. 가기 전에 방향에 관한 표현을 익히고 가자. 그래도 어렵다면 아래 메모장에 약도를 그려달라고 부탁해 보자.

뜨롱 빠이 크랍(/카)	리−아우 콰− 크랍(/카)	리−아우 싸−이 크랍(/카)	씨−얘−ㄱ
ตรงไปครับ(/ค่ะ)	**เลี้ยวขวาครับ(/ค่ะ)**	**เลี้ยวซ้ายครับ(/ค่ะ)**	**สี่แยก**
직진하세요	우회전하세요	좌회전하세요	사거리

Memo

★ 약도를 좀 그려주시겠어요?

까루나− 카−안 패−ㄴ티− 하이 너−이 크랍(/카)

กรุณาเขียนแผนที่ให้หน่อยครับ(/ค่ะ)

이 거리를 뭐라고 부르죠?

타논 싸-이 니- 리-악 와- 아라이 크랍(/카)

ถนนสายนี้เรียกว่าอะไรครับ(/คะ)

여기가 어디죠?

티-니- 티- 나이 크랍(/카)

ที่นี่ที่ไหนครับ(/คะ)

여기가 어디인지 모르겠어요.

마이 루- 르ㅓ-이 와- 티-니- 티- 나이 크랍(/카)

ไม่รู้เลยว่า ที่นี่ที่ไหนครับ(/ค่ะ)

어디에 가려고요?

짜 빠이 나이 크랍(/카)

จะไปไหนครับ(/คะ)

시암 파라곤 백화점에 가려고요.

짜 빠이 하-ㅇ 싸야-ㅁ 파-라-까-ㄴ 크랍(/카)

จะไปห้างสยามพารากอน ครับ(/ค่ะ)

저를 따라오세요, 안내해 줄게요.

따-ㅁ 폼(/디찬) 마- 크랍(/카), 폼(/디찬) 짜 남 타-ㅇ 하이

ตามผม(/ดิฉัน)มาครับ(/ค่ะ)
ผม(/ดิฉัน)จะนำทางให้

* 태국 길거리 음식 *

태국 거리를 걷다 보면, 다양한 종류의 음식을 파는 노점들을 발견할 수 있다. 길거리 음식을 먹으며 식당에서는 느낄 수 없는 다양한 맛과 재미를 느껴보자.

볶음국수 '팟타이'

'팟타이(ผัดไทย)'는 한국에도 잘 알려진 태국 볶음국수이다. 태국에서는 고급식당에서뿐 아니라 길거리에서도 팟타이 노점상을 쉽게 볼 수 있다. 특히 카오산 거리에서는 기존의 팟타이와 달리 외국인에 맞춰 여러 가지 국수를 선택할 수 있는 카오산 거리만의 팟타이를 팔고 있으니 한번 도전해 보자.

■ 숙주 익혀주세요.
팟 투-아 응어-ㄱ 하이 쑥쑥
ผัดถั่วงอกให้สุก ๆ

숙주의 풋내가 싫을 때!

쌀국수 '꾸아이 띠아우'와
계란 반죽 국수 '바미'

한국에는 쌀국수인 '꾸아이 띠아우(ก๋วยเตี๋ยว)'가 많이 알려져 있지만 계란 반죽 국수로 만든 '바미(บะหมี่)'도 한국인의 입맛에 잘 맞는다. 국수 노점 체인점인 '차이 씨(ชายสี่)'는 평균의 맛을 보장하고 있으므로 길에서 보게 된다면 먹어 볼 만하다.

취향에 따라
4가지 소스를 첨가해서 드세요!
(소스 : 어간장, 식초, 설탕, 고춧가루)

꼬치구이 '무삥'과 찹쌀밥 '카우 니아우'

가로로 긴 석쇠에서 즉석으로 구워내는 꼬치구이 '무삥(หมูปิ้ง)'은 구수한 고기 굽는 냄새를 온 주변에 퍼트리며 사람들을 유혹한다. 이러한 길거리 가게는 찹쌀밥인 '카우 니아우(ข้าวเหนียว)'를 함께 파는데, 찹쌀밥과 먹는다면 밥 한 끼로도 손색없고, 저녁 시간에는 맥주 안주로도 그만이다. 보통 여러 부위의 꼬치를 팔고 있으며 원하는 개수와 부위를 직접 선택할 수 있다.

다양한 음료수

더운 날씨에 지쳤다면, 태국에서만 맛볼 수 있는 음료수를 마시며 더위를 식히는 것도 좋다. 단맛이 강한 태국식 커피인 '오리앙(โอเลี้ยง)'이나 연유를 잔뜩 넣은 홍차 '차옌(ชาเย็น)'은 갈증을 덜어줄 뿐만 아니라, 당분으로 더위에 지친 심신을 위로해준다.

태국의 빙수 '남캥싸이'

요즘 태국에선 한국식 빙수가 유행이다. 그렇지만 태국에 갔다면 태국식 빙수인 '남캥싸이(น้ำแข็งใส)'를 먹어보는 것은 어떨까? 태국식 빙수는 알록달록한 색깔과 연유를 듬뿍 뿌린 것이 특징이다. 팥은 없지만, 다양한 토핑을 선택할 수 있다.

원하는 토핑을
내 맘대로 즐겨 보세요!

Part 7

식당에서

자리 문의하기

얼마나 기다려야 하죠?

MP3 07-01

태국으로 여행을 가면 정말 볼 것도 먹을 것도 다양한데, 특히 식도락의 즐거움을 빼놓을 수 없다. 세계 3대 음식 중 하나로 꼽히는 태국 음식은 종류와 재료가 다양하다. 특히 여행객들의 경우 사전에 조사 후, 유명한 식당을 찾게 되는데 인기가 많은 곳은 예약하지 않으면 장시간 기다려야 한다. 이때 아래의 핵심 표현을 사용해 식당 종업원에게 질문해 보자.

핵심
표현

떠-ㅇ러- 이-ㄱ 나-ㄴ 타오라이 크랍(/카)

ต้องรออีกนานเท่าไรครับ(/คะ)

TIP

식당 예약 연습하기!

여행을 가서 현지 식당에서 곧바로 예약하는 경우는 드물겠지만 만약의 경우를 대비해 간단한 표현들을 익혀보자.

내일 저녁 6시에 예약을 하고 싶은데요.

아-ㄱ 쩌-ㅇ 또 쌈랍 프룽니- 떠-ㄴ 혹 모-ㅇ 옌 크랍(/카)

อยากจองโต๊ะสำหรับพรุ่งนี้ตอน 6 โมงเย็นครับ(/ค่ะ)

몇 분이세요?

까- 탄 크랍(/카)

กี่ท่านครับ(/คะ)

두 명이고, 제 이름은 ○○○입니다.

써-ㅇ 콘 크랍(/카), 래 츠- 커-ㅇ 폼 크-○○○ 크랍(/카)

สองคนครับ(/ค่ะ) และชื่อของผม(/ดิฉัน)คือ ○○○ ครับ(/ค่ะ)

식당에서 숫자 표현이 어렵다면, 손가락으로 표시해 주자!

예약하셨나요?

쩌-ㅇ 또 와이 르- 쁠라오 크랍(/카)

จองโต๊ะไว้หรือเปล่าครับ(/คะ)

아니요, 자리 있나요?

마이 크랍(/카), 미- 또 와-ㅇ 마이 크랍(/카)

ไม่ครับ(/ค่ะ) มีโต๊ะว่างไหมครับ(/คะ)

정말 죄송하지만,
지금은 자리가 없네요.

커- 토-ㅅ 찡찡 크랍(/카), 때- 떠-ㄴ니- 마이 미-
또 와-ㅇ 크랍(/카)

**ขอโทษจริง ๆ ครับ(/ค่ะ) แต่ตอนนี้ไม่มี
โต๊ะว่างครับ(/ค่ะ)**

이쪽으로 앉으세요.

츠ㅓ-ㄴ 낭 뜨롱 니- 크랍(/카)

เชิญนั่งตรงนี้ครับ(/ค่ะ)

원하는 곳에 앉으세요.

츠ㅓ-ㄴ 낭 따-ㅁ 싸바-이 크랍(/카)

เชิญนั่งตามสบายครับ(/ค่ะ)

창가 자리로 주세요.

커- 티- 낭 띳 깝 나-따-ㅇ 크랍(/카)

ขอที่นั่งติดกับหน้าต่างครับ(/ค่ะ)

저기요, 주문할게요.

🎧 MP3 07-02

음식 주문은 한국과 마찬가지로 종업원에게 원하는 메뉴를 말하거나 주문서에 체크한 후 전달한다. 영어를 못 해도 전혀 문제가 없다. 손가락으로 메뉴판을 가리키며 '안 니-(안니: 이것)'라고 말하면 충분하다.

핵심 표현

피-(/너-ㅇ) 크랍(/카), 짜 쌍 아-하-ㄴ 크랍(/카)

พี่(/น้อง)ครับ(/ค่ะ) จะสั่งอาหารครับ(/ค่ะ)

* **พี่**(피-) : 종업원이 본인보다 연배가 많을 경우(오빠/언니, 형/누나)
  น้อง(너-ㅇ) : 종업원이 본인보다 연배가 적을 경우(동생:남/여)

TIP

태국식 샤브샤브 '쑤끼' 주문하기!

태국의 대표 음식 중 하나인 태국식 샤브샤브 '쑤끼(**สุกี้**)'의 대표 재료들을 미리 익혀두자.

- 대표적인 '쑤끼' 전문점
- 엠케이(MK) : www.mkrestaurant.com
- 코카 레스토랑(Coca Restuarant) : www.coca.com
- 핫 팟(Hot pot) : www.hotpotmember.com

추천 재료

เนื้อหมู	느-아 무-	돼지고기	ชุดผักรวม	춧 팍 루-암	야채 모둠
เนื้อไก่	느-아 까이	닭고기	กุ้ง	꿍	새우
เนื้อวัว	느-아 우-아	소고기	ปลา	쁠라-	생선
เป็ดย่าง	뻿 야-ㅇ	오리 구이	หอย	허-이	조개
ผักกาดขาว	팍까-ㅅ 카우	배추	เต้าหู้	따오 후-	두부
ต้นหอม	똔허-ㅁ	파	ไข่ไก่	카이 까이	계란
เห็ดเข็มทอง	헷 켐터-ㅇ	팽이버섯	บะหมี่หยก	바미- 욕	녹색 면

소스 น้ำจิ้มธรรมดา 남찜 탐마다 : 보통 소스
소스 น้ำจิ้มไม่ใส่ผักชี 남찜 마이 싸이 팍치- : 향이 강한 고수를 넣지 않은 소스

* 소스에는 다진 마늘, 다진 고추, 라임주스 등을 추가하여 먹는다.

메뉴판 좀 주세요.

커– 메–누– 너–이 크랍(/카)

ขอเมนูหน่อยครับ(/ค่ะ)

주문하시겠어요?

짜 쌍 아–하–ㄴ 마이 크랍(/카)

จะสั่งอาหารไหมครับ(/คะ)

어떤 음식을 추천하나요?

미– 메–누– 내 남 마이 크랍(/카)

มีเมนูแนะนำไหมครับ(/คะ)

가리시는 음식이 있나요?

미– 아–하–ㄴ 티– 타–ㄴ 마이 다이 마이 크랍(/카)

มีอาหารที่ทานไม่ได้ไหมครับ(/คะ)

고수는 넣지 말아 주세요.

까루나– 야– 싸이 팍치– 크랍(/카)

กรุณาอย่าใส่ผักชีครับ(/ค่ะ)

창 맥주 두 병,
얼음도 주세요.

커– 비–아 차–ㅇ 써–ㅇ 쿠–앗,
래 커– 남캥 두–아이 크랍(/카)

**ขอเบียร์ช้างสองขวด
และขอน้ำแข็งด้วยครับ(/ค่ะ)**

99

문제 해결하기

주문한 음식이 아직 안 나왔어요.

🎧 MP3 07-03

식당에서 가끔 예기치 못한 일이 발생하기도 하는데, 예를 들어 주문한 음식이 안 나오거나 주문했던 것과 다른 음식이 나오는 경우가 있다. 그럴 때는 당황하지 말고 우선 큰 소리로 "피–(พี่)" 또는 "너–ㅇ(น้อง)"하고 식당 직원을 불러 보자.

**핵심
표현**

양 마이 다이 아–하–ㄴ 티– 쌍 와이 크랍(/카)

ยังไม่ได้อาหารที่สั่งไว้ครับ(/ค่ะ)

TIP

식당 문화 살펴보기!

❶ 태국 식당에서는 생수와 냅킨이 대부분 유료이다. 사용하기 전 꼭 확인하자.

❷ 태국에서는 고급식당이 아니라면 간혹 깨진 그릇이 나오곤 하는데 교환을
부탁하면 얼마든지 바꿔준다. 한편, 여러 명이 식사를 하는 경우 시킨 음식
이 빠짐없이 모두 나왔는지, 계산서는 정확한지 등을 꼭 확인하도록 하자.

유료

유료

- ■ **컵이 깨졌어요. 바꿔주세요.**

  깨–우 때–ㄱ 래–우 크랍(/카), 쁠리–안 하이 너–이 크랍(/카)

  แก้วแตกแล้วครับ(/ค่ะ) เปลี่ยนให้หน่อยครับ(/ค่ะ)

여행 가서 바로 쓰는 문장

이건 제가 주문한 게 아닌데요.

안니- 마이 차이 티- 폼(/디찬) 쌍 크랍(/카)

อันนี้ไม่ใช่ที่ผม(/ดิฉัน)สั่งครับ(/ค่ะ)

저는 볶음밥을 주문했어요.

폼(/디찬) 쌍 카우 팟 크랍(/카)

ผม(/ดิฉัน)สั่งข้าวผัดครับ(/ค่ะ)

+PLUS
□ **쌀국수** 꾸-아이 띠-아우 ก๋วยเตี๋ยว

음식 좀 빨리
가져다주시겠어요?

쓰ㅓ-ㅂ 아-하-ㄴ 마- 하이 레우레우 다이 마이 크랍(/카)

เสิร์ฟอาหารมาให้เร็ว ๆ ได้ไหมครับ(/คะ)

자리를 저기로 옮겨도 될까요?

쁠리-안 티-낭 빠이 낭 티-노-ㄴ 다이 마이 크랍(/카)

เปลี่ยนที่นั่งไปนั่งที่โน่นได้ไหมครับ(/คะ)

육수 좀 더 주세요.

커- 남쑵 픔 크랍(/카)

ขอน้ำซุปเพิ่มครับ(/ค่ะ)

젓가락 좀 주세요.

커- 따까-압 크랍(/카)

ขอตะเกียบครับ(/ค่ะ)

+PLUS
□ **숟가락** 처-ㄴ ช้อน
□ **포크** 써-ㅁ ส้อม
□ **컵** 깨-우 แก้ว
□ **접시** 짜-ㄴ จาน

저기요, 계산해 주세요.

🎧MP3 07-04

식사 후에는 계산을 해야 하는데, 바로 앉은 자리에서 계산하는 식당도 있다. 대부분 고급 식당에서 이런 경우가 많은데, 금액을 확인하고 돈을 준비해야 하므로 식사가 끝나갈 즈음에 종업원에게 계산서를 미리 요청하자. 태국은 Visa, Master 등의 해외 카드로 계산할 수 있지만, 아직까지 현금의 사용이 더 활발한 편이다. 푸드코트나 길거리 식당이 아닌 일반 식당의 경우 계산 후 종업원에게 일정의 팁을 주는 것이 예의이다. 팁은 약 20밧 정도가 적당하다.

핵심
표현

피–(/너–ㅇ) 크랍(/카), 킷 응인 두–아이 크랍(/카)

พี่(/น้อง)ครับ(/ค่ะ) คิดเงินด้วยครับ(/ค่ะ)

TIP

비접촉식 결제 서비스(Contactless Payment Service)

- 삼성페이(Samsung pay)

태국에는 스마트폰 사용자의 수도 많은 편이고, 태국 내에서도 삼성페이 서비스를 제공하기 시작했다. 서비스가 가능한 곳이라면 간편하게 결제해보자. 그러나 아직은 카드보다 현금 사용을 선호하는 가게들이 많고, 일부 가게에서는 카드 수수료를 손님이 부담해야 하는 경우도 있다. 따라서 항상 어느 정도의 현금을 가지고 다니는 것이 좋다.

전부 얼마죠?

탕 못 타오라이 크랍(/카)

ทั้งหมดเท่าไรครับ(/คะ)

계산은 제가 할게요.

폼(/디찬) 짜 짜-이 응언 에-ㅇ 크랍(/카)

ผม(/ดิฉัน)จะจ่ายเงินเองครับ(/ค่ะ)

거스름돈을 잘못 줬어요.

타-ㄴ 응언 마- 핏 크랍(/카)

ทอนเงินมาผิดครับ(/ค่ะ)

거스름돈은 안 주셔도 돼요.

마이 떠-ㅇ 타-ㄴ 응언 나 크랍(/카)

ไม่ต้องทอนเงินนะครับ(/คะ)

영수증 주세요.

커- 바이 쎗 크랍(/카)

ขอใบเสร็จครับ(/ค่ะ)

이 금액은 뭐죠?

라-이까-ㄴ 니- 크- 아라이 크랍(/카)

รายการนี้คืออะไรครับ(/คะ)

세트로 주문 할게요.

🎧 MP3 07-05

해외여행을 하면 처음에는 현지의 생소하고 다양한 먹거리에 재미를 느끼기도 하지만, 이내 익숙한 맛이 그리워진다. 이럴 경우에는 전 세계 어디서든 비슷한 맛을 내는 패스트푸드 체인점에 가보는 것도 좋은 방법이다. 거리를 걷다 보면 한국에서 봤던 익숙한 간판들이 눈에 띄는데, 맛도 비슷하고 주문 방식도 한국과 차이가 거의 없다.

**핵심
표현**

짜 쌍 뻰 쎗 크랍(/카)

จะสั่งเป็นเซ็ทครับ(/ค่ะ)

TIP

대표적인 패스트푸드 프랜차이즈!

해외에 나가면 다양한 패스트푸드 전문점들이 있는데, 그중 대표적인 몇 가지를 알아보자.

버끼-킹
Burger King
버거킹

체-ㅅ떠- 끄리우
Chester's Grill
체스터즈 그릴

케-엡씨-
KFC
케이에프씨

쌉웨-
Subway
써브웨이

맥도-나우
McDonald's
맥도날드

합장으로
인사하고 있는
맥도날드
마스코트

KFC의 밥 메뉴

여행 가서 바로 쓰는 문장

(맥도날드에서)
빅맥 세트 1개 주세요.

커– 춧 빅맥 능 춧 크랍(/카)

ขอชุดบิ๊กแมค 1 ชุดครับ(/ค่ะ)

음료는 뭐로 하시겠어요?

짜 랍 크르–앙 드–ㅁ 아라이 크랍(/카)

จะรับเครื่องดื่มอะไรครับ(/คะ)

사이다로 주세요.

커– 싸쁘라이 크랍(/카)

ขอสไปรท์ครับ(/ค่ะ)

콜라 대신 오렌지 주스로
바꿀 수 있나요?

쁠리–안 뻰 남쏨 태–ㄴ 코–ㄱ 다이 마이 크랍(/카)

**เปลี่ยนเป็นน้ำส้มแทนโค้กได้ไหม
ครับ(/คะ)**

여기서 드실 거예요,
가지고 가실 거예요?

짜 타–ㄴ 티–니– 르– 남 끌랍 크랍(/카)

จะทานที่นี่หรือนำกลับครับ(/คะ)

여기서 먹을게요.

타–ㄴ 티–니– 크랍(/카)

ทานที่นี่ครับ(/ค่ะ)

아이스 아메리카노 한 잔 주세요.

🎧 MP3 07-06

커피는 전 세계적으로 가장 많이 판매되는 인기 음료 중 하나다. 여행을 하다 보면 거리 곳곳에 있는 커피 전문점들이 여행객들의 시선을 사로잡는다. 로컬 체인에는 아메리카노에도 시럽이나 설탕을 넣는 경우가 있는데, 블랙커피를 원한다면 주문 시 미리 "마이 싸이 남따ㅡㄴ(ไม่ใส่น้ำตาล: 설탕 넣지 마세요.)"이라고 말해두는 편이 좋다. 또, 태국의 커피숍에서는 와이파이가 대부분 유료이므로 이점 유의하도록 하자.

핵심표현

커ㅡ 아메ㅡ리까ㅡ노ㅡ 옌 깨ㅡ우 능 크랍(/카)

ขออเมริกาโน่เย็นแก้วหนึ่งครับ(/ค่ะ)

TIP

카페 메뉴 미리보기!

스타벅스 같은 곳에서는 커피 이름을 영어로 말해도 통할 수 있지만 태국식 발음을 미리 알고 가는 것이 좋다.

아메ㅡ리까ㅡ노ㅡ
อเมริกาโน่
아메리카노

에ㅡㅅ 프레ㅡ쏘ㅡ
เอสเพรสโซ่
에스프레소

까ㅡ 풰ㅡ 빤
กาแฟปั่น
프라푸치노

와닐라ㅡ 라ㅡ떼ㅡ
วานิลลา ลาเต้
바닐라라떼

차ㅡ 담
ชาดำ
홍차

끄린티ㅡ 라ㅡ떼ㅡ
กรีนทีลาเต้
녹차라떼

까ㅡ 풰ㅡ 머ㅡㄱ카ㅡ
กาแฟมอคค่า
카페모카

카ㅡ라ㅡ메ㅡ우 막키아ㅡ또ㅡ
คาราเมลมัคคิอาโต้
카라멜마끼아또

106

여행 가서 바로 쓰는 문장

(스타벅스에서)
따뜻한 초콜릿 한 잔 주세요.

커– 헛 척껄–랫 깨–우 능 크랍(/카)

ขอฮ็อทช็อกโกแลตแก้วหนึ่งครับ(/ค่ะ)

어떤 사이즈로 드릴까요?

짜 랍 싸이 나이 크랍(/카)

จะรับไซส์ไหนครับ(/คะ)

톨(중간) 사이즈로 주세요.

커– 뻰 깨–우 끌라–ㅇ 크랍(/카)

ขอเป็นแก้วกลางครับ(/ค่ะ)

+PLUS
□ **그란데** 끄라–ㄴ데– กรานเด
□ **벤티** 웨–ㄴ띠– เวนตี้

뜨거운 물 좀 더 주세요.

커– 남러–ㄴ 픔 이–ㄱ 너–이 크랍(/카)

ขอน้ำร้อนเพิ่มอีกหน่อยครับ(/ค่ะ)

+PLUS
□ **얼음** 남캥 น้ำแข็ง

치즈 케이크 한 조각 주세요.

커– 치–ㅅ케–ㄱ 친 능 크랍(/카)

ขอชีสเค้กชิ้นหนึ่งครับ(/ค่ะ)

빨대는 어디 있나요?

러–ㅅ 유– 나이 크랍(/카)

หลอดอยู่ไหนครับ(/คะ)

싱하 생맥주 한 잔 주세요.

🎧 MP3 07-07

태국 사람들은 첨잔을 하는 경우가 보통이고, 맥주나 위스키 등에 주로 얼음을 넣어 마신다. 서빙 직원이 잔을 채워주는 경우도 있고, 캐주얼한 가게에서는 직접 따라 마시는 경우도 있으나 한국의 주도처럼 반드시 상대방이 잔을 채워줘야 하는 것은 아니다. 한편 태국의 전통술은 알코올 농도가 보통 30~45%로 독한 편이다.

핵심
표현

커– 비–아 씽 쏫 깨–우 능 크랍(/카)
ขอเบียร์สิงห์สดแก้วหนึ่งครับ(/ค่ะ)

TIP

태국의 주류

태국에서도 한국과 마찬가지로 마트, 편의점 등에서 주류를 구입할 수 있다. 단, 주류를 판매하는 시간이 정해져있으므로 주류 판매 시간을 잘 알아두고 당황하는 일이 없도록 하자. 또한 태국의 클럽은 새벽 2시에 문을 닫는다. 이외에도 선거일 전날이나 불교 경축일에는 술집들은 문을 닫고 마트나 편의점에서도 술을 판매하지 않으니 기억해두자.

비–아 씽
เบียร์สิงห์
싱하 맥주

비–아 차–ㅇ
เบียร์ช้าง
창 맥주

비–아 리–오–
เบียร์ลีโอ
리오 맥주

쌔–ㅇ쏘–ㅁ
แสงโสม
쌩쏨 위스키

※ 주류 판매 시간 안내 문구
오전 11시~오후 2시
오후 5시~밤 12시

무엇을 마시겠습니까?

짜 드-ㅁ 아라이 크랍(/카)

จะดื่มอะไรครับ(/คะ)

맥주 한 병 주세요.

+PLUS
□ **칵테일** 컥테-우 ค็อกเทล
□ **와인** 와이 ไวน์
□ **위스키** 윗싸끼- วิสกี้

커- 비-아 쿠-앗 능 크랍(/카)

ขอเบียร์ขวดหนึ่งครับ(/ค่ะ)

병따개는 어디 있죠?

티- 쁘ㅓ-ㅅ 쿠-앗 유- 티-나이 크랍(/카)

ที่เปิดขวดอยู่ที่ไหนครับ(/คะ)

이 술은 몇 도나 되나요?

라오 니- 까- 디-끄리- 크랍(/카)

เหล้านี้กี่ดีกรีครับ(/คะ)

위스키에 얼음을 넣어서 주세요.

까루나 싸이 남캥 나이 윗싸까- 하이 너-이 크랍(/카)

กรุณาใส่น้ำแข็งในวิสกี้ให้หน่อย
ครับ(/ค่ะ)

한 병 더 주세요.

커-이-ㄱ 쿠-앗 능 크랍(/카)

ขออีกขวดหนึ่งครับ(/ค่ะ)

✻ 메뉴판 첫걸음 ✻

메뉴판에 음식 사진이 실려 있지 않으면 다소 생소한 태국어 때문에 어떤 음식인지 정확히 알지 못한 상태에서 대충 주문하기도 한다. 하지만 걱정은 금물! 메뉴판에 있는 음식이 어떤 건지 몰라도 다음의 단어들을 통해 음식 재료나 조리법을 대충 짐작할 수 있다.

Mission 01   음식 종류 선택하기

카우	꾸-아이 띠-아우 / 바미- / 카놈찌-ㄴ	깨-ㅇ	카우 똠 / 쯔-ㄱ	
ข้าว	ก๋วยเตี๋ยว / บะหมี่ / ขนมจีน	แกง	ข้าวต้ม / โจ๊ก	
밥	면	탕	죽	

Mission 02   요리 재료 선택하기

느-아(우-아)	(느-아)무-	(느-아)까이	카이(까이)	쁠라-	꿍
เนื้อ(วัว)	(เนื้อ)หมู	(เนื้อ)ไก่	ไข่(ไก่)	ปลา	กุ้ง
소고기	돼지고기	닭고기	계란	생선	새우

뿌-	팍	헷	탈레-	싸이 끄러-ㄱ	루-암 밋
ปู	ผัก	เห็ด	ทะเล	ไส้กรอก	รวมมิตร
게	야채	버섯	해산물	소시지	혼합

Mission 03   조리법 파악하기

팟	터-ㅅ	야-ㅇ / 삥	능
ผัด	ทอด	ย่าง / ปิ้ง	นึ่ง
볶다	튀기다	직화구이하다	(증기나 열로) 찌다

똠	얌	키-아우	채-
ต้ม	ยำ	เคี่ยว	แช่
끓이다	버무리다	조리다	담그다

★ 한국인 입맛에 맞는 태국 요리 추천 Best 4

1 간장 볶음 국수 '팟씨이우'

이미 국내에 잘 알려져 있는 태국식 볶음 국수인 팟타이에 익숙해졌다면, 간장에 볶아 먹는 '팟씨이우(ผัดซีอิ๊ว)'도 먹어보자. 팟씨이우에는 향이 강한 식재료가 전혀 들어가지 않으므로 안심하고 먹어도 된다.

2 쌀국수 '꾸아이 띠아우'와 '바미'

태국의 쌀국수인 '꾸아이 띠아우(ก๋วยเตี๋ยว)'는 얇은 면의 '쎈렉(เส้นเล็ก)'과 굵은 면의 '쎈야이(เส้นใหญ่)' 중에 고를 수 있다. '바미(บะหมี่)'는 꾸아이 띠아우와 거의 같고, 면이 계란을 넣어 반죽한 면이라는 점만 다르다.

꾸아이 띠아우 남 (국물 있는 국수)

꾸아이 띠아우 행 (국물 없는 국수)

> ■ 고수 넣지 마세요.
>   마이 싸이 팍치 ไม่ใส่ผัดชี

3 닭고기 덮밥 '카우만까이'와 족발 덮밥 '카우카무'

닭고기 덮밥 '카우만까이(ข้าวมันไก่)'와 족발 덮밥 '카우카무(ข้าวขาหมู)'는 둘다 향이 강하지 않아 한국인이 먹기에 적합하다. 카우만까이는 삶은 닭고기 '까이 똠(ไก่ต้ม)'과 튀긴 닭 '까이 터ㅅ(ไก่ทอด)' 중 선택할 수 있다.

4 조개전 '허이텃'과 굴전 '어쑤안'

한국인들이 좋아하는 부침개가 태국에도 있다. 태국식 조개전 '허이텃(หอยทอด)'과 굴전인 '어쑤안(ออส่วน)'은 한국인의 식사 대용으로도 좋고 맥주 안주로도 잘 어울린다.

Part 8

관광할 때

관광 안내소에 문의하기
관광 명소 구경하기
사진 찍기
공연 관람하기
마사지 받기

#태국 볼거리 추천

관광 안내소는 어디에 있나요?

🎧 MP3 08-01

관광 안내소는 시내 곳곳에서 찾아볼 수 있는데, 여행객들을 위한 다양한 서비스를
제공해준다. 무료 관광 안내뿐 아니라 현지 관광 상품 판매, 교통 노선에 대한 정보
제공, 숙박 장소 예약 및 식당 추천에 이르기까지 폭넓은 서비스를 해준다. 여행 전에
관광 계획을 제대로 세우지 못했거나 목적지까지 가는 방법이 헷갈릴 경우, 관광 안
내소나 투어 서비스센터를 이용하는 것도 좋은 방법이다.

**핵심
표현**

쑤ㅡㄴ 쁘라차ㅡ 쌈판 까ㅡㄴ 타ㅡㅇ티ㅡ아우 유ㅡ 티ㅡ 나이 크랍(/카)

ศูนย์ประชาสัมพันธ์การท่องเที่ยวอยู่ที่ไหนครับ(/คะ)

TIP

관광을 할 때 주의 사항!

• 단체 여행 시에는 개인 행동을 삼가고, 길을 잃지 않게 가이드의 말에 귀를 기울이자.
• 현금은 분산시켜서 보관하는 게 안전하다. 특히 소매치기에 주의하자.
• 지갑이나 여권, 카메라 등의 귀중품은 신경 써서 관리하자.

114

여행 가서 바로 쓰는 문장

관광 지도를 한 장 주세요.

커– 패–ㄴ 티– 터–ㅇ 티–아우 패–ㄴ 능 크랍(/카)

ขอแผนที่ท่องเที่ยว แผ่นหนึ่งครับ(/ค่ะ)

한국어로 된 여행 가이드북 있나요?

미– 낭쓰– 내남 까–ㄴ 터–ㅇ티–아우 파–싸– 까올리– 마이 크랍(/카)

มีหนังสือแนะนำการท่องเที่ยวภาษา เกาหลีไหมครับ(/คะ)

가볼 만한 곳을 추천해 주시겠어요?

추–아이 내남 싸타–ㄴ티– 나– 빠이 티–아우 하이 다이 마이 크랍(/카)

ช่วยแนะนำสถานที่น่าไปเที่ยวให้ ได้ไหมครับ(/ค่ะ)

여기서 걸어서 갈 수 있나요?

짜–ㄱ 티–니– 드ㅓ–ㄴ 빠이 다이 마이 크랍(/카)

จากที่นี่เดินไปได้ไหมครับ(/คะ)

왕복으로 얼마나 걸리나요?

빠이 끌랍 차이 웰라– 타오라이 크랍(/카)

ไปกลับใช้เวลาเท่าไรครับ(/คะ)

시내 투어를 신청하고 싶은데요.

야–ㄱ 짜–ㅇ 쁘로끄래–ㅁ 투–아 러–ㅂ 므–앙 크랍(/카)

อยากจองโปรแกรมทัวร์รอบเมือง ครับ(/ค่ะ)

입장권을 어디에서 구입할 수 있나요? 🎧 MP3 08-02

관광에 나서기 전, 문화 유적지나 박물관, 기념관, 극장 등의 쉬는 날과 개관, 폐관 시간을 미리 알고 있어야 일정에 차질이 생기지 않는다. 그리고 태국은 입장료가 지역마다 다르며 공공의 문화·역사 유적지는 저렴한 편인데, 보통 내국인과 외국인의 티켓 비용이 다르게 책정되어 있다. 내국인보다 외국인이 비싸게 책정되어 있는데, 50~500밧 정도로 외국인의 체감상 많이 부담스럽지는 않다.

핵심 표현

쓰– 밧 카오 촘 다이 티–나이 크랍(/카)

ซื้อบัตรเข้าชมได้ที่ไหนครับ(/คะ)

TIP

초 간단 대표 관광명소 추천!

왓 프라깨우

왓포

왓 아룬

아유타야 역사공원

파타야

푸껫

치앙마이

롭부리

입장권은 얼마예요?

밧 카오 촘 타오라이 크랍(/카)

บัตรเข้าชมเท่าไรครับ(/คะ)

이 박물관은 입장권을
사야 하나요?

피피타판 티-니- 떠-ㅇ 쓰- 밧 카오 촘 마이 크랍(/카)

**พิพิธภัณฑ์ที่นี่ต้องซื้อบัตรเข้าชม
ไหมครับ(/คะ)**

학생 할인되나요?

미- 쑤-안 롯 쌈랍 낙쓱싸- 마이 크랍(/카)

มีส่วนลดสำหรับนักศึกษาไหมครับ(/คะ)

폐관은 몇 시에 하나요?

삣 까- 모-ㅇ 크랍(/카)

ปิดกี่โมงครับ(/คะ)

팸플릿이 있나요?

미- 브로추-아 마이 크랍(/카)

มีโบรชัวร์ไหมครับ(/คะ)

기념품을 파는 곳이 있나요?

미- 라-ㄴ 카-이 커-ㅇ티-라륵 마이 크랍(/카)

มีร้านขายของที่ระลึกไหมครับ(/คะ)

사진 좀 찍어 주시겠어요?

🎧 MP3 08-03

관광지에 가면 사진 촬영은 필수다. 혼자 여행 중이라 사진 찍기 난감한 경우나 같이 간 일행과 다 같이 나온 사진을 찍고 싶을 때, 아래 핵심 표현을 사용해 사진을 요청해 보자.

**핵심
표현**

추―아이 타―이 루―ㅂ 하이 너―이 다이 마이 크랍(/카)

ช่วยถ่ายรูปให้หน่อยได้ไหมครับ(/คะ)

TIP

각종 주의 표시 알고 가기!

하―ㅁ 카오
ห้ามเข้า
출입 금지

하―ㅁ 쑤―ㅂ 부리―
ห้ามสูบบุหรี่
흡연 금지

하―ㅁ 팅 카야
ห้ามทิ้งขยะ
손대지 마세요

하―ㅁ 타―이 루―ㅂ
ห้ามถ่ายรูป
사진 촬영 금지

여행 가서 바로 쓰는 문장

여기서 사진 찍어도 되나요?

타–이 루–ㅂ 티–니– 다이 마이 크랍(/카)

ถ่ายรูปที่นี่ได้ไหมครับ(/คะ)

여기는 촬영 금지 구역입니다.

티–니– 하–ㅁ 타–이 루–ㅂ 크랍(/카)

ที่นี่ห้ามถ่ายรูปครับ(/ค่ะ)

제가 사진 찍어 드릴까요?

하이 폼(/디찬) 추–아이 타–이 루–ㅂ 마이 크랍(/카)

ให้ผม(/ดิฉัน)ช่วยถ่ายรูปไหมครับ(/คะ)

이 버튼을 누르면 돼요.

꼿 뿜 니– 나 크랍(/카)

กดปุ่มนี้นะครับ(/ค่ะ)

하나, 둘, 셋, 치즈!

능 써–ㅇ 쌈, 임

หนึ่ง สอง ซั่ม ยิ้ม

+PLUS
ยิ้ม(임: 미소짓다)은 한국에서 사진을 찍을 때 "김치~"의 표현과 같다.

한 장만 더 찍어주시겠어요?

추–아이 타–이 이–ㄱ 루–ㅂ 능 하이 너이 크랍(/카)

ช่วยถ่ายอีกรูปหนึ่งให้หน่อยครับ(/ค่ะ)

Part 8

관광할 때

119

내일 저녁 공연 표를 사고 싶은데요.

🎧 MP3 08-04

여행 중에 공연을 관람하고 싶으면, 여행 일정을 짜기 전에 공연 일정을 미리 확인하는 것이 좋다. 사전에 예약을 하면 할인이 되거나 원하는 좌석에 앉을 수 있다. 하지만 부득이한 사정으로 예약을 하지 못했다면, 아래 핵심 표현을 이용하여 표를 구매해보자.

핵심
표현

야̄-ㄱ 쓰– 뚜̂-아 까–ㄴ 싸대–ㅇ 러–ㅂ 떠–ㄴ 옌 커̌-ㅇ 완 프룽니– 크랍(/카̂)

อยากซื้อตั๋วการแสดงรอบตอนเย็นของวันพรุ่งนี้ครับ(/ค่ะ)

TIP

공연 관람하기

- 알카자 쇼(**อัลคาซาร์โชว์** : Alcazar Show)
  알카자 쇼는 트렌스젠더 공연이다. 가장 크고 유명한 쇼는 파타야에 있다. 트렌스젠더의 공연이라고 해서 성적인 공연이라고 오해하거나 거부감을 가질 필요는 없다. 다양한 노래와 춤이 혼합된 종합 엔터테인먼트 예술 프로그램이기 때문이다.

- 싸얌 니라밋 쇼(**สยามนิรมิตร** : Siam Niramit)
  서커스 적인 요소와 춤을 결합한 종합 엔터테인먼트 공연이다. 방콕에 있는 한국 대사관 근처에 상설 공연장이 있어 찾기 쉽고, 한국어 해설이 자막으로 제공된다.

- 코끼리 쇼(**การแสดงช้าง** : Elephant Show)

- 악어 쇼(**โชว์จระเข้** : Crocodile Show)

알카자 쇼　　　　싸얌 니라밋 쇼　　　　코끼리 쇼　　　　악어쇼

오늘 밤에 상연하는 것은 뭐죠?

크ㅡㄴ니ㅡ 미ㅡ 까ㅡㄴ 싸대ㅡㅇ 아라이 바ㅡㅇ 크랍(/카)

คืนนี้มีการแสดงอะไรบ้างครับ(/คะ)

무대와 가까운 좌석으로
주세요.

커ㅡ 티ㅡ낭 티ㅡ 끌라이 깝 웨ㅡ티ㅡ 크랍(/카)

ขอที่นั่งที่ใกล้กับเวทีครับ(/ค่ะ)

전부 매진됐습니다.

못 래ㅡ우 크랍(/카)

หมดแล้วครับ(/ค่ะ)

영어 자막이 나오나요?

미ㅡ 쌉 파ㅡ싸ㅡ 앙끄릿 마이 크랍(/카)

มีซับภาษาอังกฤษไหมครับ(/คะ)

공연 시간은 얼마나 되나요?

까ㅡㄴ 싸대ㅡㅇ 짜 차이 웰라ㅡ 타오라이 크랍(/카)

การแสดงจะใช้เวลาเท่าไรครับ(/คะ)

공연 관람 시
휴대폰은 꺼 주십시오.

까루나ㅡ 삣 므ㅡ트ㅡ 나이 카나 촘 까ㅡㄴ 싸대ㅡㅇ
크랍(/카)

**กรุณาปิดมือถือ ในขณะชมการแสดง
ครับ(/ค่ะ)**

마사지 받기

발 마사지를 받고 싶어요.

🎧 MP3 08-05

여행을 하면서 쌓인 피로를 푸는데, 마사지처럼 좋은 게 없다. 태국의 도시에는 마사지숍(ร้านนวด: 라-ㄴ 누-앗)이 많이 있다. 가격은 약 200~1000밧 정도까지 코스에 따라 다양하게 있으며, 보통 발 마사지(นวดฝ่าเท้า: 누-앗 퐈- 타오)가 가장 저렴하고, 태국 전통 마사지(นวดแผนไทย: 누-앗 패-ㄴ 타이), 그리고 오일 마사지(นวดน้ำมัน: 누-앗 남만) 순으로 가격이 점점 더 비싸진다. 전문 마사지 숍이나 호텔에서 제공하는 코스 마사지는 이보다 더 비쌀 수 있다. 마사지가 끝난 다음에는 약간의 팁을 주는 것이 예의이다.

**핵심
표현**

떠-ㅇ까-ㄴ 누-앗 퐈- 타오 크랍(/카)

ต้องการนวดฝ่าเท้าครับ(/ค่ะ)

TIP

재미로 보는 발 지압점!

발 마사지를 받는데, 유난히 아픈 곳이 있다면 아래 발 지압점 그림을 보고 자신의 상태를 체크해 보자!

① 머리	후-아	หัว
② 코	짜무-ㄱ	จมูก
③ 목	커-	คอ
④ 눈	따-	ตา
⑤ 귀	후-	หู
⑥ 폐	뻐-ㅅ	ปอด
⑦ 어깨	바-	บ่า
⑧ 위	끄라퍼 아-하-ㄴ	กระเพาะ อาหาร
⑨ 간	땁	ตับ
⑩ 심장	후-아 짜이	หัวใจ
⑪ 소장	람싸이 렉	ลำไส้เล็ก
⑫ 신장	따이	ไต

여행 가서 바로 쓰는 문장

이 근처에 마사지숍이 있나요?

태ー우 니ー 미ー 라ー 누ー앗 마이 크랍(/카)

แถวนี้มีร้านนวดไหมครับ(/คะ)

양말을 벗어 주세요.

까루나ー 터ー人 퉁 타오 크랍(/카)

กรุณาถอดถุงเท้าครับ(/ค่ะ)

이 정도 세기는 괜찮으세요?

남낙 오ー케ー 마이 크랍(/카)

น้ำหนักโอเคไหมครับ(/คะ)

좀 더 세게 해주세요.

누ー앗 낙 꽈ー 니ー 하이 너ー이 크랍(/카)

+PLUS
□ **약하게** 바오 เบา

นวดหนักกว่านี้ให้หน่อยครับ(/ค่ะ)

아파요.

쩹 크랍(/카)

+PLUS
□ **편안하다** 싸바ー이 สบาย
□ **덥다** 라ー人 ร้อน
□ **춥다** 나ー우 หนาว

เจ็บครับ(/ค่ะ)

거기는 하지 말아 주세요.

까루나ー 야ー 누ー앗 뜨롱 난 크랍(/카)

กรุณาอย่านวดตรงนั้นครับ(/ค่ะ)

* 태국 볼거리 추천 *

라마끼안(รามเกียรติ์) 공연

태국 전통 공연에 빠지지 않는 전통 가면극 '라마끼안'은 태국 가면인 콘(โขน: 코–ㄴ)을 쓰고 화려하게 수놓은 전통 무대의상을 입은 무용수가 태국 전통음악에 맞춰 춤추는 무성 공연이다. 공연의 전반적인 스토리는 인도의 라마야나 이야기를 태국식으로 해석한 이야기로 톳싸깐이 낭시다를 납치하고, 프라 람과 하누만 군대가 낭시다를 되찾아 오는 이야기를 다루고 있다. 대사 없이 춤과 표정만으로 표현되는 무성 공연이지만, 화려한 의상과 웅장한 음악들로 공연 내내 눈을 뗄 수 없을 만큼 매력적인 공연이므로 태국을 방문했다면 관람해보자.

★ 티켓 구입 방법
- 온라인 구매 : ① www.thaiticketmajor.com/performance/khon-sala-chalermkrung-
  Hanuman-2015-th.html
  ② www.salachalermkrung.com/?c=tickets
- 오프라인 구매 : 공연시간 전 공연장 '쌀라 찰럼 끄룽(ศาลาเฉลิมกรุง)'에서 구입
- 가격 : 800밧, 1000밧, 1200밧

왕국의 정통 후계자인 '프라 람(Phra Ram, Rāma)'은 계모의 계략에 의해 14년간 유배를 떠난다. 부인 '낭 시다 (Nang Sida, Sītā)'와 형제 '프라 락(Phra Lak, Lakṣmaṇa)'과 함께 깊은 숲속으로 들어가지만 랑카의 악마 왕 '톳싸깐(Thosakan, Rāvaṇa)'은 낭 시다를 납치하여 결혼하기 위해서 성으로 그녀를 데려간다. 프라 람은 그를 뒤쫓는 긴 여행을 하게 되는데, 원숭이 '하누만(Hanuman)'이 다른 두 원숭이 왕과 강력한 군대를 동맹하여 함께 간다. 랑카 건너편 해변 남쪽까지 진군하여 원숭이 군대는 바다를 통과할 둑길을 세우고 랑카를 포위한다. 토사칸 군대에게 수많은 승리를 거둔 전쟁에서 최종적으로 프라 람은 톳싸깐을 살해한다. 프라 람은 랑카를 '피펙 (Phiphek)'에게 넘겨준 후 아유타야로 되돌아온다. 돌아온 후 왕이 된 프라 람은 낭 시다의 정절을 의심하여 그녀에게 불의 시련을 받도록 한다. 불의 시련을 견딘 낭 시다는 다시 톳싸깐의 초상화 사건으로 쫓겨나 죽을 운명에 처하지만 프라 락의 도움으로 목숨을 건지고 숲에서 아들을 낳는다. 이후에 프라 람은 낭시다를 되찾을 계략을 꾸미지만 오히려 그녀의 분노를 사서 그녀가 지하로 숨게 만든다. 이에 쉬바신은 프라 람과 낭시다를 불러 화해하게 하고 행복하게 살게 한다.

「출처 : 근대 동남아불교의 힌두문화 수용–태국 라마끼엔의 힌두신화와 불교적 변용」

Part 9

쇼핑할 때

매장에서
스타벅스 커피숍은 몇 층이에요?

🎧 MP3 09-01

방콕, 파타야, 푸껫, 치앙마이 등의 대도시에서의 쇼핑은 사실 한국과 큰 차이가 없다. 특히 쇼핑몰이나 백화점은 한국과 마찬가지로 세일 기간이 아니면 정찰제이기 때문에 가격 흥정은 이루어지지 않는다. 단, 시장이나 외국 관광객을 상대로 하는 기념품 상점의 물건 가격은 실제 가격보다 매우 높게 책정되어 있으므로 부른 가격에서 어느 정도 흥정해 물건을 구매해 보자.

핵심
표현

라ー ㄴ 싸따ー박 유ー 찬 나이 크랍(/카)

ร้านสตาร์บัคอยู่ชั้นไหนครับ(/คะ)

TIP

매장 미리보기

태국에 입점해 있는 해외 브랜드의 경우 브랜드명을 영어 표기로 표기해두었으므로 원하는 매장을 찾는 것이 어렵지 않다. 또한 방콕의 대형 백화점에는 간혹 아직 한국에 소개되지 않은 브랜드들이 입점해 있기도 하다.

	나이끼ー	아ー디다ー ㅅ	유ー니클로ー	싸ー라ー	퍼ー에ー워ー 투ー웬티ー완
의류, 신발	Nike	Adidas	Uniqlo	ZARA	forever 21
	나이키	아디다스	유니클로	자라	포에버 21
전자		쌈쑹			애ー ㅂ 쁜
		Samsung			Apple
		삼성			애플
휴대전화 서비스	에ー 아이 에ー ㅅ 완투ー커ー우			디ー택	트루ー 무ー ㅂ
	AIS 12 call			DTAC	TrueMove
	에이아이에스 원투 콜			디택	투루무브

여행 가서 바로 쓰는 문장

무엇을 도와드릴까요?

띳떠- 르-앙 아라이 크랍(/카)

ติดต่อเรื่องอะไรครับ(/คะ)

엘리베이터는 어디에 있죠?

리-ㅂ 유- 티-나이 크랍(/카)

ลิฟต์อยู่ที่ไหนครับ(/คะ)

기념품을 찾고 있는데요.

하- 커-ㅇ 티- 라륵 유- 크랍(/카)

หาของที่ระลึกอยู่ครับ(/ค่ะ)

차(tea)는 어디서 살 수 있죠?

쓰- 차- 다이 티-나이 크랍(/카)

ซื้อชาได้ที่ไหนครับ(/คะ)

유모차를 빌릴 수 있나요?

미- 롯 켄 덱 하이 이음 마이 크랍(/카)

มีรถเข็นเด็กให้ยืมไหมครับ(/คะ)

몇 시에 문을 닫나요?

뻿 버-리까-ㄴ 까- 모-ㅇ 크랍(/카)

ปิดบริการกี่โมงครับ(/คะ)

옷 구매하기

이 옷을 입어 봐도 돼요?

🎧 MP3 09-02

태국의 '쎈트럴(Central)'은 체인 형태의 백화점으로 전국적으로 주요 도시 등에 지점을 두고 있다. 이외에도 방콕의 '시암(Siam: 싸얌)'은 대형 백화점들과 개인 가게들이 모여 있는 곳이고, '아시아티크(Asiatique)'는 차오프라야 강변의 야경과 야시장을 즐길 수 있는 곳이다. 파타야, 푸껫, 치앙마이 등등 여행자가 많이 찾는 곳은 어디든지 백화점이나 상설 시장과 야시장이 있으므로 한번 찾아가 보도록 하자. 쇼핑뿐 아니라 다양한 먹거리도 즐길 수 있다.

핵심 표현

러ㅡㅇ 싸이 두ㅡ 다이 마이 크랍(/카)

ลองใส่ดูได้ไหมครับ(/คะ)

TIP

색깔의 종류

싸ㅡ대ㅡㅇ
สีแดง
빨간색

싸ㅡ쏨
สีส้ม
주황색

싸ㅡ 르ㅡ앙
สีเหลือง
노란색

싸ㅡ 키ㅡ아우
สีเขียว
초록색

싸ㅡ 나ㅡ므응언
สีน้ำเงิน
파란색

싸ㅡ 무ㅡ앙
สีม่วง
보라색

싸ㅡ 촘푸ㅡ
สีชมพู
분홍색

싸ㅡ카ㅡ우
สีขาว
흰색

싸ㅡ담
สีดำ
검은색

싸ㅡ타오
สีเทา
회색

싸ㅡ베ㅡㅅ
สีเบจ
베이지색

싸ㅡ남따ㅡㄴ
สีน้ำตาล
갈색

원피스를 사려고 하는데요.

짜 쓰– 춧드레–ㅅ 크랍(/카)

จะซื้อชุดเดรสครับ(/ค่ะ)

+PLUS
□ **셔츠** 치–ㅅ เชิ้ต
□ **바지** 까–ㅇ깨–ㅇ กางเกง
□ **치마** 끄라쁘로–ㅇ กระโปรง

사이즈가 어떻게 되세요?

싸이 나이 디– 크랍(/카)

ไซส์ไหนดีครับ(/คะ)

S 사이즈로 주세요.

커– 뚜–아 에–ㅅ 크랍(/카)

ขอตัว S ครับ(/ค่ะ)

+PLUS
□ **M** 싸이 엠 ไซส์ M
□ **L** 싸이 에–우 ไซส์ L

탈의실은 어디예요?

허–ㅇ러–ㅇ 춧 유– 티– 나이 크랍(/카)

ห้องลองชุดอยู่ที่ไหนครับ(/คะ)

너무 꽉 껴요.

낸 빠이 크랍(/카)

แน่นไปครับ(/ค่ะ)

+PLUS
□ **크다** 루–암 หลวม
□ **길다** 아–우 ยาว
□ **짧다** 싼 สั้น
□ **딱 맞아요!** 퍼–디– พอดี

다른 색상은 없나요?

미– 씨– 으–ㄴ 마이 크랍(/카)

มีสีอื่นไหมครับ(/คะ)

검은색 샌들을 찾고 있어요.

🎧 MP3 09-03

많은 여행객이 태국에서 신발을 살 때 한국과는 다른 사이즈 표시 때문에 당황스러워한다. 사이즈 계산 방법을 익혀두자.

핵심
표현

하– 러–ㅇ타오 랏 쏜 씨– 담 유– 크랍(/카)

หารองเท้ารัดส้นสีดำอยู่ครับ(/ค่ะ)

TIP

01 신발 사이즈 계산 방법

태국에서는 유럽식으로 표기하는 것이 보편적이므로 아래 계산 방법을 익혀두자.

호수 = 발 치수×2 ÷ 10−10 (🔹 발 치수가 235일 때 : 235×2 ÷ 10−10=37호)

신발 사이즈가 맞지 않은 경우:

- 한 치수 더 큰 거요.
  싸이 야이 꽈– 니– 브ㅓ–능
  ไซส์ใหญ่กว่านี้ เบอร์ 1

- 한 치수 더 작은 거요.
  싸이 꽈– 니– 브ㅓ–능
  ไซส์เล็กกว่านี้ เบอร์ 1

02 다양한 신발

러–ㅇ타오 칸추–
รองเท้าคัทชู
구두

러–ㅇ타오 때
รองเท้าแตะ
슬리퍼

러–ㅇ타오 쏜 쑤–ㅇ
รองเท้าส้นสูง
하이힐

러–ㅇ타오 낄라–
รองเท้ากีฬา
운동화

러–ㅇ타오 부–ㅅ
รองเท้าบูท
부츠

러–ㅇ타오 플랫
รองเท้าแฟลต
단화

사이즈가 어떻게 되세요?

싸이 브ㅓ– 아라이 크랍(/카)

ใส่เบอร์อะไรครับ(/คะ)

37호요.

브ㅓ– 싸ㅁ씹쩻 크랍(/카)

เบอร์ 37 ครับ(/ค่ะ)

앞쪽이 좀 껴요.

카ㅇ나– 낸 빠이 너–이 크랍(/카)

ข้างหน้าแน่นไปหน่อยครับ(/ค่ะ)

굽이 너무 높네요.

쏜 쑤–ㅇ 마–ㄱ끄ㅓ–ㄴ 빠이 크랍(/카)

ส้นสูงมากเกินไปครับ(/ค่ะ)

저 신발 좀 보여 주세요.

커–두– 쿠– 난 너–이 크랍(/카)

ขอดูคู่นั้นหน่อยครับ(/ค่ะ)

어떤 게 더 잘 어울려요?

쿠– 나이 머 콰– 크랍(/카)

คู่ไหนเหมาะกว่าครับ(/คะ)

망고는 얼마예요?

🎧 MP3 09-04

외국에 나가서 시장에 가 보면 그 나라의 정취를 느낄 수 있는데, 요즘엔 시장보다는 쇼핑몰을 선호하는 사람이 더 많은 듯하다. 한국에 가져오기 편리한 포장된 소스, 라면, 레토르트 식품 등을 구매하고 싶다면, '빅 C(Big C), 로터스(Lotus), 고메 마켓(Gourmet Market)' 등의 대형 마트를 이용하면 된다. 생과일은 한국에 반입할 수 없으므로 현지에서 맛보도록 하자.

**핵심
표현**

카̆이 마̂무̂앙 야̀ㅇ 라이 크랍(/카̀)

ขายมะม่วงอย่างไรครับ(/คะ)

TIP

다양한 과일

태국에서 과일이나 채소, 육류 등은 모두 저울에 달아 킬로그램(kg)으로 판매한다. 길거리의 리어카에서는 바로 먹을 수 있도록 과일을 한 조각씩 잘라 판매하기도 한다. 한편, 열대과일의 왕이라 불리는 두리안은 향이 강해서 호텔 실내 반입을 금하는 경우가 있으니, 묵고 있는 호텔의 규정을 미리 알아보도록 하자.

- **1kg에 100밧**
  낄로̀ 라 러̂이 **กิโลละร้อย**

쏨
ส้ม
귤

끌루̂아이
กล้วย
바나나

때̂ㅇ 모̆
แตงโม
수박

망쿳
มังคุด
망고스틴

투리̂안
ทุเรียน
두리안

쌉빠롯
สับปะรด
파인애플

쇼핑 카트는 어디에 있어요?

롯 켄 유– 티– 나이 크랍(/카)

รถเข็นอยู่ที่ไหนครับ(/คะ)

이 망고 달아요?

마무^앙 니– 와^ㄴ 마이 크랍(/카)

มะม่วงนี้หวานไหมครับ(/คะ)

맛봐도 되나요?

러–ㅇ 침 다이 마이 크랍(/카)

ลองชิมได้ไหมครับ(/คะ)

껍질은 벗겨서 주시겠어요?

추^아이 뻐–ㄱ 쁠르^악 하이 너–이 크랍(/카)

ช่วยปอกเปลือกให้หน่อยครับ(/ค่ะ)

많이 사면 할인해 주나요?

타– 쓰– 으ㅓ 으ㅓ 롯 다이 마이 크랍(/카)

ถ้าซื้อเยอะ ๆ ลดได้ไหมครับ(/คะ)

덤으로 몇 개 더 주세요.

커– 커^ㅇ 태^–ㅁ 픔 너–이 크랍(/카)

ขอของแถมเพิ่มหน่อยครับ(/ค่ะ)

좀 싸게 해 주세요.

🎧 MP3 09-05

정찰제 판매를 하는 백화점이 아닌 시장이나 기념품 가게 등에서는 가격을 흥정해 볼 만하다. 특히 외국인에게는 물건값을 올려서 판매하는 경우가 있으므로, 부르는 대로 값을 지급하지 말고 다른 가게와 가격을 비교해 본 후에 구매하는 것이 현명하다.

핵심
표현

롯 하이 너-이 크랍(/카)

ลดให้หน่อยครับ(/ค่ะ)

TIP

태국의 할인

할인, 세일을 태국어로 '롯(ลด), 롯 라-카-(ลดราคา)'라고 하는데, 숫자 뒤에 %를 붙여 할인율을 표시한다. 혹은 '쓰-능 태-□ 능(ซื้อ 1 แถม 1)'은 우리나라의 '1+1'을 의미한다. 간혹 '쓰-능 태-□ 능(ซื้อ 2 แถม 1)'처럼 '2+1'으로 조건이 다른 경우도 있으므로 숫자를 잘 살펴보자.

- **세금 환급 받기(VAT Refund)**
관광객의 경우, 한 가게에서 2000밧 이상 구매한다면 세금 환급(VAT Refund)을 요청할 수 있다. 결제할 때 직원에게 세금환급을 할 예정이라고 이야기하고 여권을 제시하면, 노란색 VAT Refund 양식을 적어서 준다. 이 양식을 가지고 공항 입국 심사 전 1차로 세금 환급 확인을 받고, 입국 심사를 받은 뒤 면세품 판매소들 사이에 있는 환급금 수령소에서 환급금을 받는다.

이걸로 주세요.

커– 안니– 크랍(/카)

ขออันนี้ครับ(/ค่ะ)

하나에 얼마예요?

안 라 타오라이 크랍(/카)

อันละเท่าไรครับ(/คะ)

너무 비싼데, 200밧 어때요?

패–ㅇ 마–ㄱ, 써–ㅇ 러–이 다이 마이 크랍(/카)

แพงมาก สองร้อยได้ไหมครับ(/คะ)

지금 40% 할인 중입니다.

떠–ㄴ니– 롯 씨–씹 쁘ㅓ–쎈 유– 크랍(/카)

ตอนนี้ลดสี่สิบเปอร์เซ็นต์อยู่ครับ(/ค่ะ)

(선물) 포장해 주세요.

허– 커–ㅇ콴 하이 너–이 크랍(/카)

ห่อของขวัญให้หน่อยครับ(/ค่ะ)

+PLUS
□ **봉투에 넣어주세요.** 싸이 퉁 하이 너–이 크랍(/카) ใส่ถุงให้หน่อยครับ(/ค่ะ)

봉투 하나 더 주세요.

커– 퉁 플라–싸띡 픔 이–ㄱ 바이 크랍(/카)

ขอถุงพลาสติกเพิ่มอีกใบครับ(/ค่ะ)

반품을 하려고 하는데요.

🎧MP3 09-06

쇼핑을 마치고 대부분 숙소에 돌아와서 구매했던 물건을 다시 살펴볼 것이다. 이때 물건에 흠집이나 얼룩을 발견할 수 있고, 전자제품의 경우에는 제대로 작동이 안 될 수도 있다. 이럴 경우 교환이나 환불을 해야 하는데, 한국과 마찬가지로 영수증이 필요하다. 계산 시 영수증을 꼭 받아두고, 교환이나 환불하러 갈 때 반드시 영수증을 지참하자.

핵심
표현

약 짜 큰 씬칸 크랍(/카)

อยากจะคืนสิ้นค้าครับ(/ค่ะ)

TIP

전자제품 구매하기

태국에서 전자제품을 구매할 때는 백화점이나 대형 마트에서 사는 것이 안전하다. 그러나 태국에서는 110V를 사용하는 전자제품이 많으니 한국의 전류와 호환이 되는 상품인지를 먼저 확인하도록 하자.

태국의 전자제품 대리점

110V, 220V
모두 사용 가능

여행 가서 바로 쓰는 문장

이거 교환할 수 있나요?

안니– 커– 쁠리–안 다이 마이 크랍(/카)

อันนี้ขอเปลี่ยนได้ไหมครับ(/คะ)

무슨 문제가 있나요?

미– 빤하– 아라이 르– 쁠라오 크랍(/카)

มีปัญหาอะไรหรือเปล่าครับ(/คะ)

다른 사이즈로 바꿔 주세요.

커– 쁠리–안 뻰 싸이 으–ㄴ 크랍(/카)

ขอเปลี่ยนเป็นไซส์อื่นครับ(/ค่ะ)

이거 고장 났어요.

안니– 씨–아 래–우 크랍(/카)

อันนี้เสียแล้วครับ(/ค่ะ)

언제 구입하셨습니까?

랍 쓰– 므–아 라이 크랍(/카)

รับซื้อเมื่อไรครับ(/คะ)

영수증 가져오셨어요?

남 바이 쎗 마– 르– 쁠라오 크랍(/카)

นำใบเสร็จมาหรือเปล่าครับ(/คะ)

✱ 슈퍼마켓에서는 뭘 살까? ✱

전 세계 어느 나라로 여행을 가든지 그곳의 슈퍼마켓에 가 보면 다양한 즐거움과 그 나라 특유의 분위기를 느낄 수 있다. 시간적인 여유가 있다면, 숙소 근처에 있는 슈퍼마켓에 들러서 귀국 선물을 장만해보자.

● 똠얌 라면

태국의 대표적인 음식 중 똠얌꿍은 태국에 가보지 않은 사람도 들어봄 직하다. 특히 태국에서는 똠얌 라면을 팔고 있는데, 부피가 작아서 한국에 가져오기도 부담스럽지 않다. 태국식 라면은 끓일 필요 없이 그릇에 담아 뜨거운 물을 붓고 잠시 뚜껑만 덮었다가 먹으면 되는 간편식이다.

현지의 맛을 재현할 수 있어요!

● 태국 레토르트 식품과 소스류

마트에서는 태국의 돼지고기 바질볶음(팟까프라오), 팟타이, 똠얌꿍 등의 재료를 판매하고 있기도 하다. 이런 제품을 구매해 온다면 집에서도 현지의 맛을 재현할 수 있다.

● 말린 과일

태국은 열대과일의 종류도 다양하고 맛도 아주 좋은데 말린 과일로 파는 경우가 많다. 한국 사람들도 좋아하는 망고, 코코넛 등이 인기가 많다. 만약 두리안의 특유의 냄새 때문에 먹기 어려웠다면 두리안 칩을 추천한다.

냄새는 없고, 감자칩보다 고소한 두리안 칩!

타이 실크 숍 '짐톰슨'

태국의 실크는 질이 좋기로 유명하다. 만약 실크 가게를 찾기 어렵다면, '짐톰슨(Jim Tomson)'을 추천한다. 다양한 실크 제품이 판매되고 있다.

더이 뚱, 더이 창 커피

태국의 북부 골든트라이앵글 지역은 과거 마약 생산으로 악명이 높았던 곳이다. 2016년 서거한 라마 9세가 국왕 프로젝트로 고산족에게 커피 등 대체작물을 재배하도록 캠페인을 펼치면서 이러한 문제가 해결되었다. 이를 대표하는 것이 '더이 뚱(Doi Tung)' 커피와 '더이 창(Doi Chaang)' 커피다. 공항에도 입점해 있어 귀국길 선물을 미처 마련하지 못했다면 구입해보자.

더이 창 커피

더이 뚱 커피

Part 10

긴급 상황에서

소지품 분실과 도난

아프거나 다쳤을 때

교통사고가 났을 때

#태국 브랜드 커피 전문점

소지품 분실과 도난

가방을 도둑맞았어요!

🎧 MP3 10-01

여행 중에 소지품을 잃어버릴 경우 다시 찾기가 무척 어렵다. 여권 분실 시 여권을 다시 만들어야 하므로 여행 전 여권 앞면 복사본과 여권용 사진 2장을 챙겨두자. 신용 카드를 잃어버렸다면 즉시 은행에 분실 신고를 해야 한다. 여행자 보험에 가입한 경우, 귀중품 분실 시 부분적으로 보상을 받을 수 있는데, 경찰서에서 도난 증명서를 발급받아야 한다.

핵심
표현

투–ㄱ 카모–이 끄라빠오 크랍(/카)

ถูกขโมยกระเป๋าครับ(/ค่ะ)

TIP

해외에서 여권 분실 시 대처 방법

만일 여권을 잃어버렸다면 곧바로 '주 태국 대한민국 대사관'이나 '영사관'에 전화해서 상황을 설명하고 수속을 밟아야 한다. 그리고 다른 사람이 여권을 도용하는 사건을 방지하기 위해, 되도록이면 여권 분실 24시간 이내 신고하자.

❶ 현지 경찰서에 여권 분실 신고
   현지 경찰서 또는 관광 경찰서(Tourist Police)를 찾아가 신고서를 발급받아 작성한다.

❷ 대사관 및 영사관에서 여권 정지 및 재발급 신청(보통 신청일로부터 재발급까지 약 1일 소요)
   빠른 대처 : 현지 경찰서에 신고 → 주한 대사관 및 영사관에서 여권 정지 → 여권 재발급 신청
   신청 서류 : 현지 경찰서에서 작성했던 신고서, 여권 사진 2매, 분실한 여권의 여권번호, 발급/만기일

❸ 대사관에서 발급된 '여행 증명서'와 경찰서에서 발급받은 '분실 신고서 원본'을 가지고 '태국 이민국
   (Immigration: ต.ม.: 떠-머)'을 방문한다. 태국 이민국은 버스나 지하철로 연결되어 있지 않으므로 택시를 이용하자.

❹ 태국 이민국에서 입국 기록을 확인받은 뒤, 공항에서 출국 가능
   이민국은 토·일요일, 태국 공휴일에 휴무이므로 주중에 방문해서 처리해야 한다.

* 구비 서류 및 신청 방법은 '주 태국 대한민국 대사관' 홈페이지에서 확인할 수 있다.
   '주 태국 대한민국 대사관' 홈페이지 : overseas.mofa.go.kr/th-ko/brd/m_3172/list.do

가방 안에 현금, 신용카드,
여권이 들어 있어요.

나이 끄라빠오 미– 응원 솟, 밧 크레–딧, 래 낭쓰–
드ㅓ–ㄴ타–ㅇ 크랍(/카)

**ในกระเป๋ามีเงินสด บัตรเครดิต
และหนังสือเดินทางครับ(/ค่ะ)**

핸드폰을 잃어버렸어요.

탐 므–트– 하–이 크랍(/카)

ทำมือถือหายครับ(/ค่ะ)

어디에서 잃어버리셨나요?

탐 하–이 티– 나이 크랍(/카)

ทำหายที่ไหนครับ(/คะ)

어디에서 잃어버렸는지
모르겠어요.

마이 싸–ㅂ 와– 하–이 티– 나이 크랍(/카)

ไม่ทราบว่า หายที่ไหนครับ(/ค่ะ)

분실 신고서를 작성해 주세요.

까루나– 끄러–ㄱ 바이 째–ㅇ 콰–ㅁ 크랍(/카)

กรุณากรอกใบแจ้งความครับ(/ค่ะ)

찾으면 바로 연락 주세요.

타– 하– 쯔ㅓ– 까루나 띳떠– 끌랍 두–아이 크랍(/카)

ถ้าหาเจอ กรุณาติดต่อกลับด้วยครับ(/ค่ะ)

배탈 났어요.

🎧 MP3 10-02

해외여행을 갈 때는 상비약을 가져가는 게 좋다. 약국이나 병원에서 의사소통이 어려울 뿐만 아니라 증상에 맞는 약을 구하기가 쉽지 않기 때문이다. 평소에 복용하는 약이 있다면 잘 챙기고 설사약, 진통제, 소화제, 일회용 밴드 및 소독약 등도 잊지 말고 가져가자. 가벼운 감기에 걸렸거나 음식 때문에 발생하는 배탈, 설사 등은 굳이 병원에 가지 않아도 백화점이나 대형 쇼핑몰에 위치한 부츠(Boots), 왓슨스(Watsons) 안에서 해결할 수 있으므로 아래 핵심 표현을 잘 익혀두자.

**핵심
표현**

터–ㅇ 씨–아 크랍(/카)

ท้องเสียครับ(/ค่ะ)

TIP

병원 또는 약국에서 통증을 설명하기

병원 또는 약국에서 어떻게 아픈지의 증상들을 설명하는 표현들을 연습해보자.

■ 어떻게 아프세요? 뿌–앗 야–ㅇ라이 크랍(/카) **ปวดอย่างไรครับ(/ค่ะ)**

예리하게 찌르는	쩹	เจ็บ
만성통증	아까–ㄴ 뿌–앗 르–앗 르–아 랑	อาการปวดเรื้อรัง
욱신욱신	뿌–앗	ปวด
화끈거리는	쌔–ㅂ	แสบ

■ 언제부터 아팠나요? 뿌–앗 땅때– 므–아 라이 크랍(/카) **ปวดตั้งแต่เมื่อไรครับ(/ค่ะ)**

(2)시간 전부터	땅때– (써–ㅇ) 추–아 모–ㅇ 꺼–ㄴ	ตั้งแต่(สอง)ชั่วโมงก่อน
(2)일 전부터	땅때– (써–ㅇ) 완 꺼–ㄴ	ตั้งแต่(สอง)วันก่อน
어제부터	땅때– 므–아 와–ㄴ	ตั้งแต่เมื่อวาน
간헐적으로	뻰 라야 라야	เป็นระยะ ๆ
지속적으로	야–ㅇ 떠– 느–앙	อย่างต่อเนื่อง

어디가 불편하세요?

마이 싸바-이 뜨롱 나이 크랍(/카)

ไม่สบายตรงไหนครับ(/คะ)

설사를 해요.

터-ㅇ 씨-아 크랍(/카)

ท้องเสียครับ(/ค่ะ)

+PLUS
□ **콧물이 나다** 미- 남무-ㄱ มีน้ำมูก
□ **열이 나다** 미- 카이 มีไข้
□ **속이 메스껍다** 클르-ㄴ 싸이 คลื่นไส้

여기가 아파요.

쩹 뜨롱 니- 크랍(/카)

เจ็บตรงนี้ครับ(/ค่ะ)

+PLUS
□ **상처가 아플 때** 쩹 เจ็บ
□ **두통, 복통 등이 아플 때** 뿌-앗 ปวด

아마 체한 것 같아요.

쏭싸이 아-하-ㄴ 마이 여-이 크랍(/카)

สงสัยอาหารไม่ย่อยครับ(/ค่ะ)

하루에 몇 번 먹어요?

타-ㄴ 완라 까- 크랑 크랍(/카)

ทานวันละกี่ครั้งครับ(/คะ)

하루에 세 번,
식후에 한 알씩 드세요.

타-ㄴ 완라 싸-ㅁ 크랑,
랑 랍쁘라타-ㄴ 아-하-ㄴ 능 멧 크랍(/카)

**ทานวันละสามครั้ง
หลังรับประทานอาหารหนึ่งเม็ดครับ(/ค่ะ)**

교통사고가 났을 때

구급차 좀 빨리 불러주세요!

🎧 MP3 10-03

해외에서 큰 사고가 발생하면 즉시 구급차를 불러 병원으로 가야 하지만 부상 정도가 아주 심하지 않은 경우에는 먼저 아래의 긴급 연락처에 신고하는 게 낫다. 만일의 상황에 대비해 여행자 보험을 드는 것도 좋은 방법이다.

핵심 표현

추-아이 리-악 롯 파야-바-ㄴ 하이 레우 크랍(/카)

ช่วยเรียกรถพยาบาลให้เร็วครับ(/ค่ะ)

TIP

태국 내 긴급 연락처!

• 태국 경찰 신고(교통사고 등) : 191
• 구급차 : 1554
• 화재 신고 : 199
• 전화번호 문의 : 1133
• 주 태국 대한민국 대사관 : +66-2-247-7537~39

여행 가서 바로 쓰는 문장

사람 살려!	추–아이 두–아이 **ช่วยด้วย**
경찰 좀 불러주세요!	추–아이 리–악 땀루–앗 하이 너–이 크랍(/카) **ช่วยเรียกตำรวจให้หน่อยครับ(/ค่ะ)**
교통사고가 났어요.	끄ㅓ–ㅅ 우밧띠헤–ㅅ 크랍(/카) **เกิดอุบัติเหตุครับ(/ค่ะ)**
제 친구가 다쳤어요.	프–안 폼(/디찬) 다이 랍 바–ㅅ쩹 크랍(/카) **เพื่อนผม(/ดิฉัน)ได้รับบาดเจ็บครับ(/ค่ะ)**
차에 치였어요.	투–ㄱ 롯 촌 크랍(/카) **ถูกรภชนครับ(/ค่ะ)**
못 움직이겠어요.	카얍 뚜–아 마이 다이 크랍(/카) **ขยับตัวไม่ได้ครับ(/ค่ะ)**

☀ 태국 브랜드 커피 전문점 ☀

날씨가 더운 태국을 여행하다 보면 에어컨이 나오는 실내에서 시원한 음료를 마시는 것이 갈증 해소에 도움이 된다. 태국에는 글로벌 브랜드 외에 로컬 브랜드 커피 전문점들도 많다.

● **트루 커피(True Coffee)**

트루 커피는 태국 북부의 해발 1,000m 이상의 땅에서 생산된 아라비카 원두만을 사용한다. 원두 생산지는 경사지고 그늘진 곳만 고집하고 있는데, 커피나무가 천천히 자랄 수 있도록 하기 위해서이다. 백화점이나 대형 쇼핑몰, 대형 건물 등에 입점해 있으므로, 태국 원두를 사용한 커피를 맛보고 싶다면 한번 가보자.

● **블랙 캐년 커피(Black Canyon Coffee)**

블랙 캐년 커피는 태국뿐 아니라 동남아시아 전반을 시장으로 삼고 있는 브랜드로, 커피를 비롯한 음료들과 서양식 및 태국식의 간단한 식사류도 함께 판매하고 있어 두 가지를 한 번에 해결할 수 있다.

음료와 식사를
한 번에!

간식은
커피 월드에서!

● **커피 월드(Coffee World)**

 프랑스인 사업가 '프레드 모우와드 (Fred Mouawad)'가 아시아 시장 개척을 목표로 GFA Corporation (Thailand) Ltd.를 통해 태국에 지점을 연 프랜차이즈이다. 따라서 로컬 브랜드라고 보기 어려울 수 있지만, 가격 경쟁력 있는 음료와 와플, 샌드위치 등의 간단한 스낵을 판매하고 있으니 간식이 필요할 때 들러보자.

★ 글로벌 브랜드와 태국 브랜드의 아메리카노 가격 비교

글로벌 유명 브랜드의 커피 가격과 태국 브랜드의 커피 가격을 비교해보는 재미도 느껴보자.

Hot Americano

Starbucks 105
Dean and Deluca 85
Au Bon Pain 80
Mc Café, Coffee World 75
True Coffee 70
Black Canyon 65
Mezzo 60
Blue Cup 59
Cafe Amazon 45

Ice Americano

Coffee World 110
Starbucks 105
Dean and Deluca, Au Bon Pain 100
Mc Café, 85
True Coffee 80
Blue Cup 75
Black Canyon 70
Mezzo 65
Cafe Amazon 60

Part 11

귀국할 때

항공권 예매하기
항공권 예매 변경하기
탑승 수속하기
결항 및 비행기를 놓쳤을 때

#프랜차이즈 음식점

비행기 표를 예매하려고 하는데요.

🎧 MP3 11-01

해외여행을 갈 때는 일반적으로 왕복항공권을 구입하는데, 간혹 장기간 여행을 갈 때는 편도를 끊거나 돌아오는 항공편은 오픈티켓으로 가는 경우가 있다. 오픈티켓은 출국하기 2주일 전에 날짜를 결정해 해당 항공사에 출국일을 예약해야 한다. 이때 항공사나 여행사에 전화를 걸거나 직접 방문하여 아래 핵심 표현으로 자신감 있게 항공권을 예매해 보자.

핵심 표현

야ㄱ 짜 쩌-ㅇ 뚜-아 크르-앙 빈 크랍(/카)

อยากจะจองตั๋วเครื่องบินครับ(/ค่ะ)

TIP

비행기 표 구입 시 주의 사항!

비행기 표를 구입할 때 영문 이름을 사용하는데, 여권상의 영문 표기와 같아야 한다. 이 사실을 모르고 공항에 도착한 승객과 항공사 직원이 다투는 모습을 심심찮게 볼 수 있다. 영문 이름이 잘못 기재되었거나 여권 번호가 틀린 경우에는 간혹 비행기 탑승이 거부되는 경우가 있기 때문에 영문 표기에 주의를 기울이자.

Check! Check!
☑ 항공권 영문 이름 표기와 본인 여권의 영문 표기가 같은지 확인하기!
☑ 여권 번호를 맞게 썼는지 다시 한번 확인하기!
☑ 출발 날짜와 비행기 편명도 미리 확인하기!

비행기 표를 예약하시겠습니까?

짜 쩌-ㅇ 뚜-아 크르-앙 빈 마이 크랍(/카)

จะจองตั๋วเครื่องบินไหมครับ(/คะ)

한국 인천으로 가는 비행기 표를
예약하려고 하는데요.

야-ㄱ 짜 쩌-ㅇ 뚜-아 크르-앙 빈 빠이
인처-ㄴ 쁘라테-ㅅ 까올리- 크랍(/카)

อยากจะจองตั๋วเครื่องบินไป
อินชอนประเทศเกาหลีครับ(/ค่ะ)

언제 출발을 원하시나요?

뜨-ㅇ 까-ㄴ 어-ㄱ 드ㅓ-ㄴ타-ㅇ 므-아 라이 크랍(/카)

ต้องการออกเดินทางเมื่อไรครับ(/คะ)

다음 주 수요일에 출발하는
편도 표요.

티-아우 빈 티- 어-ㄱ 드ㅓ-ㄴ타-ㅇ 완 풋 나-
티-아우 디-아우 크랍(/카)

เที่ยวบินที่ออกเดินทางวันพุธหน้า
เที่ยวเดียวครับ(/ค่ะ)

죄송합니다.
수요일에는 좌석이 없네요.

커- 토-ㅅ 크랍(/카), 완 풋 마이 미- 티- 낭 크랍(/카)

ขอโทษครับ(/ค่ะ) วันพุธไม่มีที่นั่งครับ(/ค่ะ)

어느 편이 가장 싼가요?

티-아우 빈 나이 라-카- 투-ㄱ 티-쑷 크랍(/카)

เที่ยวบินไหนราคาถูกที่สุดครับ(/คะ)

항공권 예매
변경하기

항공편을 변경하고 싶어요.

🎧 MP3 11-02

여행할 때 대부분은 돌아오는 표를 예약하고 가지만 갑자기 일이 생기거나 혹은 좀 더
머물고 싶어 비행기 표 예약을 변경해야 하는 경우가 있다. 한국에서 여행사를 통해
예약하고 발권을 한 경우에는 그 여행사의 한국 전화번호나 해당 국가의 지점으로 연
락하면 된다. 항공사에서 직접 예약하고 발권한 경우에는 해당 국가에 있는 항공사 서
비스센터(예약센터)에 연락해서 예약을 변경할 수 있다. 주의해야 할 점은 구매한 항공
권이 어떤 종류인 지에 따라 변경할 수 없기도 하며 변경 시 추가 요금을 지급해야 하
는 경우도 있다.

핵심
표현

야ㅡㄱ 쁠리ㅡ안 티ㅡ아우 빈 크랍(/카)

อยากเปลี่ยนเที่ยวบินครับ(/ค่ะ)

TIP

우리나라 항공사 서비스센터 연락처

국내 항공사는 어느 지역에서나 연락 가능한 서비스센터가 있
는데, 태국어 외에도 한국어 서비스를 제공하므로 긴장하지 말
고 편하게 전화를 걸어도 된다.

- 대한항공 www.koreanair.com/korea/ko/booking/
  booking-gate.html
  태국: +66-2-620-6900
- 아시아나항공 ea.flyasiana.com/C/en/main.do
  태국: +66-2-016-6500

어느 항공편으로 바꾸시겠습니까?	짜 쁠리-안 뻰 티-아우 빈 아라이 크랍(/카) **จะเปลี่ยนเป็นเที่ยวบินอะไรครับ(/คะ)**
하루 늦게 출발하고 싶어요.	야-ㄱ 르-안 완 드ㅓ-ㄴ타-ㅇ 어-ㄱ 능 완 크랍(/카) **อยากเลื่อนวันเดินทางออกหนึ่งวัน ครับ(/ค่ะ)**
출발 일을 8월 8일로 바꾸고 싶어요.	야-ㄱ 쁠리-안 완 드ㅓ-ㄴ타-ㅇ 뻰 완티- 빼-ㅅ 드-안 씽하-콤 크랍(/카) **อยากเปลี่ยนวันเดินทางเป็นวันที่ 8 เดือนสิงหาคมครับ(/คะ)**
먼저 좌석이 있는지 알아보겠습니다.	커- 뜨루-앗 첵 티-낭 까-ㄴ 와- 미- 티-낭 와-ㅇ 르- 마이 크랍(/카) **ขอตรวจเช็คที่นั่งก่อนว่ามีที่นั่ง ว่างหรือไม่ครับ(/ค่ะ)**
예약을 취소하고 싶은데요.	야-ㄱ 짜 욕르ㅓ-ㄱ 까-ㄴ 쩌-ㅇ 크랍(/카) **อยากจะยกเลิกการจองครับ(/ค่ะ)**
예약을 취소하면 수수료를 내야 하나요?	타- 욕르ㅓ-ㄱ 까-ㄴ 쩌-ㅇ, 떠-ㅇ 씨-아 카- 탐니-암 마이 크랍(/카) **ถ้ายกเลิกการจอง ต้องเสีย ค่าธรรมเนียมไหมครับ(/คะ)**

탑승 수속하기

이 물건들을 비행기에 가지고 탈 수 있나요? 🎧MP3 11-03

전 세계 모든 공항이 그렇겠지만 비행 탑승 시 기내 반입을 제한하는 규정이 엄격하고 까다롭다. 가장 좋은 방법은 관련 자료를 통해 공항 수하물 규정을 사전에 숙지하고 짐을 잘 정리하여 공항으로 이동하는 것이다. 간혹 이런 규정을 잘 몰라서 수속이 지연되거나 탑승이 거부되기도 한다. 비행기 탑승 전까지 어떤 일이 발생할지 모르니 공항에는 출발 최소 2시간 전에 미리 도착하자.

핵심 표현

커–ㅇ 푸–악 니– 남 큰 크르–앙 다이 마이 크랍(/카)

ของพวกนี้นำขึ้นเครื่องได้ไหมครับ(/คะ)

TIP

01 국제 공항 수하물 규정

❶ 무료 기내 휴대 수하물 : 부피 20×40×55cm, 전체 무게 7kg을 초과할 수 없음
　　　　　　　　　　　　　　(각 항공사 규정이 다소 차이가 나므로 항공권의 안내 참조)

❷ 무료 위탁 수하물 : 타이항공이나 대한항공, 아시아나항공과 같은 일반항공의 경우 항공료에 수하물 가격이 포함되어 있다. 일반석은 20kg이다. 하지만 저가항공은 예매 시 따로 구매해야 하므로, 이용하고자 하는 항공사에 확인이 필요하다.

❸ 수하물 무게 초과 요금 : kg당 일반석 항공권 가격의 1.5%로 계산(항공사마다 규정이 다소 다름)

02 공항에서 출국 절차

ㆍ이용할 항공사가 있는 터미널에 내린다.　　　　　　　　　　　　ㆍ부가가치세 환급 받기

공항 도착 ···▶ **항공사 탑승 수속** ···▶ **검역 검사** ···▶ **출국 심사** ···▶ **탑승구 도착, 탑승 대기**

　　　　　　ㆍ부가가치세 환급 신청서 날인 받기　　　　　　ㆍ항공권과 여권, 입국 시 작성한 출국 카드를 보여준다.

···▶ **비행기 탑승**

※ 부가가치세 환급시 주의사항

한 곳에서 1일 구매량이 2000밧을 초과하여 부가가치세 환급(VAT refund)을 신청할 수 있는 경우, 환급 신청서에 날인이 되어 있지 않으면 환급을 받을 수 없다는 점 꼭 기억하자.

일행이십니까?

뻰 끌룸 디-아우 깐 르- 크랍(/카)

เป็นกลุ่มเดียวกันหรือครับ(/คะ)

네, 일행입니다.

크랍(/카), 뻰 끌룸 디-아우 깐 크랍(/카)

ครับ(/ค่ะ) เป็นกลุ่มเดียวกันครับ(/ค่ะ)

복도 쪽 좌석으로 주세요.

커- 티-냥 림 타-0드ㅓ-ㄴ 크랍(/카)

ขอที่นั่งริมทางเดินครับ(/ค่ะ)

짐을 위에 올려 주세요.

까루나- 와-0 쌈파-라 다-ㄴ 본 크랍(/카)

กรุณาวางสัมภาระด้านบนครับ(/ค่ะ)

짐은 몇 개 부칠 수 있나요?

싸-ㅁ-ㅅ 로-ㅅ 쌈파-라 다이 틍 까- 바이 크랍(/카)

สามารถโหลดสัมภาระได้ถึงกี่ใบ
ครับ(/คะ)

짐이 3kg 중량 초과입니다.

남낙 ㅍㅓ-ㄴ 쌈 낄로- 크랍(/카)

น้ำหนักเกินสามกิโลครับ(/ค่ะ)

159

결항 및 비행기를 놓쳤을 때

도대체 언제 탑승을 시작하나요?

🎧 MP3 11-04

우리나라 공항에 도착하기 전까지 여행은 끝난 것이 아니다. 명절 기간이나 휴가철 또는 기상 악화로 인해 비행 자체가 결항되는 경우와 항공관제, 몇몇 승객의 미 탑승 등의 다양한 이유로 탑승과 이륙이 지연되는 경우가 자주 발생한다. 이럴 경우에는 대체 항공편을 빠르게 찾아야 한다. 원래 구매했던 항공사에 문의하거나, 표가 없을 경우에는 다른 항공권 예매 사이트를 통해 다시 비행기 표를 예매해야 한다. 시간의 여유가 있다면, 다음 날 출발 가능한 항공편을 알아보는 것도 좋은 방법이다.

핵심 표현

짜 큰 크르–앙 다이 므–아라이 깐 내– 크랍(/카)

จะขึ้นเครื่องได้เมื่อไรกันแน่ครับ(/คะ)

TIP

항공편 지연 및 결항 관련

공항에서는 자주 안내 방송이 나오는데, 아래 단어를 미리 알고 가면 항공편 지연 방송인지 또는 결항에 대한 내용인지 추측할 수 있다.

- 기계 고장　　　　일라이 씨–아　　　　　　　　อะไหล่เสีย
- 오늘 비행 취소　　욕르ㅓ–ㄱ 티–아우 빈 완나–　　ยกเลิกเที่ยวบินวันนี้
- 대체 항공편　　　티–아우 빈 쌈러–ㅇ　　　　　เที่ยวบินสำรอง
- 기상 악화　　　　싸파–ㅂ 아–까–ㅅ 마이 디–　สถาพอากาศไม่ดี
- 지연되다　　　　라–차–　　　　　　　　　　ล่าช้า
- 대합실　　　　　허–ㅇ 팍 푸–도–이싸–ㄴ　　ห้องพักผู้โดยสาร
- 무료 숙식 제공　짯하– 티–팍 래 아–하–ㄴ 하이 프리–　จัดหาที่พักและอาหารให้ฟรี
- 정시에 출발할 수 없습니다.　마이 싸–마–ㅅ 빈 어–ㄱ 다이 따–ㅁ 웰라– 깜놋
ไม่สามารถบินออกได้ตามเวลากำหนด

※ 출발 지연 안내 방송 예시

001편이 비행기 정비 때문에 지연되고 있습니다. 다음 공지가 있을 때까지 기다리시기 바랍니다.

티–아우 빈 티– 001 끄ㅓ–ㅅ 콰–ㅁ 라–차– 느–앙 짜–ㄱ 까–ㄴ 써–ㅁ 밤룽. 쯩 커 콰–ㅁ 까루나– 러–쪈퐈– 짜 미– 쁘라까–ㅅ 마이 이–ㄱ 크랑 크랍(/카) **เที่ยวบินที่ 001 เกิดความล่าช้า เนื่องจากการซ่อมบำรุง จึงขอความกรุณารอจนว่าจะมีการประกาศใหม่อีกครั้งครับ(/ค่ะ)**

160

지금부터 탑승 수속을
시작하겠습니다.

짜 쁘ㅓ-ㅅ 카우뜨ㅓ- 첵인 땅때- 밧니- 뻰똔빠이 크랍(/카)

จะเปิดเคาน์เตอร์เช็คอินตั้งแต่บัดนี้
เป็นต้นไปครับ(/ค่ะ)

비행기가 왜 아직 이륙을
안 하는 거죠?

탐마이 크르-앙빈 양 마이 빈 큰 르- 크랍(/카)

ทำไมเครื่องบินยังไม่บินขึ้นหรือครับ(/คะ)

현재 항공관제탑의 이륙
허가를 기다리고 있는 중입니다.

카나니- 라오 깜랑 러- 까-ㄴ 아누야-ㅅ 짜-ㄱ 쑤-ㄴ
쿠-압쿰 까-ㄴ 짜라-쩌-ㄴ 타-ㅇ 아-까-ㅅ 유- 크랍(/카)

ขณะนี้เรากำลังรอการอนุญาตจากศูนย์
ควบคุมการจราจรทางอากาศอยู่ครับ(/ค่ะ)

비행기를 놓쳤어요.
다음 편에 자리가 있나요?

폼(/디찬) 똑 크르-앙빈 래-우, 티-아우 빈 탓빠이
미- 티-낭 와-ㅇ 마이 크랍(/카)

ผม(/ดิฉัน)ตกเครื่องบินแล้ว เที่ยวบินถัดไป
มีที่นั่งว่างไหมครับ(/คะ)

방법을 찾아 주실 수 있나요?

추-아이 내남 위티- 하이 폼(/디찬) 다이 마이 크랍(/카)

ช่วยแนะนำวิธีให้ผม(/ดิฉัน)ได้
ไหมครับ(/คะ)

공항 내에 호텔이 있습니까?

나이 싸나-ㅁ 빈 미- 로-ㅇ래-ㅁ 마이 크랍(/카)

ในสนาบมินมีโรงแรมไหมครับ(/คะ)

* 프랜차이즈 음식점 *

우리에게 익숙한 맥도날드, KFC 등도 가 볼 수 있지만, 태국의 새로운 프랜차이즈 음식점을 이용해 보는 것도 재미있는 경험이 될 것이다.

● **씨파(씨-퐈-: สีฟ้า: See fah)**

1936년도에 문을 연 태국 음식점으로 약 80년의 전통을 가지고 있다. 처음에는 태국에 건너온 중국인이 아이스크림과 커피, 과일 등을 판매하는 가게로 시작했으나 입소문을 타고 손님이 많아지면서 사업 확장을 통해 지금과 같은 음식점으로 업그레이드됐다. 다양한 태국 음식을 맛볼 수 있다.

● **쌥이리(쌔-ㅂ 이-리-: แซบอีหลี: Zaab Eli)**

'쌥이리'는 동북부 지방 사투리로 '정말 맛있다'라는 뜻을 가지고 있다. 이름에서 나타나듯이 이곳은 동북부 지방 음식을 판매하는 곳으로 한국에는 파파야 샐러드로 잘 알려진 '쏨땀(ส้มตำ)'을 여러 가지 종류로 판매하고 있다. 파파야 외에도 '옥수수 쏨땀', '계란 쏨땀', 태국식 소시지 '싸이끄럭(ไส้กรอก)'도 추천한다. 만약 이곳에서 밥을 먹는다면 안남미로 만든 밥 말고 찰밥인 '카우니아우(ข้าวเหนียว)'를 추천한다. 작은 바구니 통에 찹쌀밥을 담아 나오는 모습이 재미있다.

샤부시(Shabusi)

태국식으로 재해석 된 샤부샤부를 판매하는 체인점으로, 399밧에 1시간 15분 동안 무제한으로 즐길 수 있는 뷔페식 식당이다. 국물은 3가지 중 고를 수 있는데, 맑은 국물(ซุปใส: 쑵싸이), 탁한 국물(ซุปข้น: 쑵콘), 그리고 똠얌 국물(ซุปต้มยำ: 쑵똠얌)을 제공한다. 이왕이면 똠얌 국물에 만들어 먹는 샤부샤부는 어떨지 도전해 보는 재미를 느껴보자.

Part 12

기본 표현

인사하기
자기소개하기
숫자
화폐
시간

인사하기

MP3 12-01

싸왓디- 싸바-이 디- 마이
사วัสดี สบายดีไหม
안녕! 잘 지내니?

싸왓디- 툭콘 싸바-이 디- 마이
สวัสดี ทุกคนสบายดีไหม
안녕! 모두 잘 지내니?

싸왓디- 크랍(/카)
สวัสดีครับ(/ค่ะ)
안녕하세요?

툭 콘 싸 바-이 디-
ทุกคนสบายดี
모두 잘지내요.

아룬 싸왓 크랍(/카)
อรุณสวัสดิ์ครับ(/ค่ะ)
좋은 아침입니다.

라-뜨리- 싸왓 크랍(/카)
ราตรีสวัสดิ์ครับ(/ค่ะ)
잘 자요.

끌랍 디디- 크랍(/카)
กลับดี ๆ ครับ(/ค่ะ)
조심히 가세요.

쯔ㅓ-깐 마이 크랍(/카)
เจอกันใหม่ครับ(/ค่ะ)
다음에 만나요.

커- 뚜아 꺼-ㄴ 크랍(/카)
ขอตัวก่อนครับ(/ค่ะ)
먼저 갈게요.

싸바–이 디– 마이 크랍(/카)
สบายดีไหมครับ(/คะ)
어떻게 지내요?

싸바–이 디– 크랍(/카)
สบายดีครับ(/ค่ะ)
좋아요.

츠ㅓ이츠ㅓ–이 크랍(/카)
เฉย ๆ ครับ(/ค่ะ)
그럭저럭 지내요.

커–ㅂ 쿤 크랍(/카)
ขอบคุณครับ(/ค่ะ)
감사합니다.

인디– 크랍(/카)
ยินดีครับ(/ค่ะ)
천만에요.

커–토–ㅅ 크랍(/카)
ขอโทษครับ(/ค่ะ)
미안합니다.

마이 뻰 라이 크랍(/카)
ไม่เป็นไรครับ(/ค่ะ)
괜찮습니다.

라– 꺼–ㄴ 크랍(/카)
ลาก่อนครับ(/ค่ะ)
먼저 가보겠습니다.

끌랍 디디– 크랍(/카)
กลับดีๆ ครับ(/ค่ะ)
조심히 가세요.

167

자기소개하기

쿤 츠– 아라이 크랍(/카)
คุณชื่ออะไรครับ(/คะ)
이름이 뭐예요?

인디– 티– 다이 루–짝 크랍(/카)
ยินดีที่ได้รู้จักครับ(/ค่ะ)
처음 뵙겠습니다.

폼(/디찬) 츠– 나라 리 크랍(/카)
ผม(/ดิฉัน)ชื่อ Nara Lee ครับ(/ค่ะ)
제 이름은 이나라입니다.

퐈–ㄱ 느–아 퐈–ㄱ 뚜–아 두–아이 크랍(/카)
ฝากเนื้อฝากตัวด้วยครับ(/ค่ะ)
잘 부탁드립니다.

첸 디–아우 깐 크랍(/카)
เช่นเดียวกันครับ(/ค่ะ)
저도 반갑습니다.

쿤 뻰 콘 쁘라테–ㅅ 나이 크랍(/카)
คุณเป็นคนประเทศไหนครับ(/คะ)
당신은 어느 나라 사람이에요?

마–짜–ㄱ 나이 크랍(/카)
มาจากไหนครับ(/คะ)
어디에서 오셨어요?

폼(/디찬) 뻰 콘 까올리– 크랍(/카)
ผม(/ดิฉัน)เป็นคนเกาหลีครับ(/ค่ะ)
저는 한국인입니다.

폼(/디찬) 마–짜–ㄱ 쏘–ㄴ 쁘라테–ㅅ 까올리– 크랍(/카)
ผม(/ดิฉัน)มาจากโซล
ประเทศเกาหลีครับ(/ค่ะ)
저는 한국, 서울에서 왔습니다.

 까올리–
เกาหลี
한국

 타이
ไทย
태국

 아메–리까–
อเมริกา
미국

 찌–ㄴ
จีน
중국

 쏘–ㄴ
โซล
서울

 끄룽테–ㅂ
กรุงเทพฯ
방콕

 워–씽딴 디– 씨–
วอซิงตัน ดี.ซี.
워싱턴 D.C.

 빡낑
ปักกิ่ง
베이징

คุณ ทำงานอะหฺ-น อาราย คฺรับ(/คฺะ)
คุณทำงานอะไรครับ(/คะ)
무슨 일을 하세요? (직업)

พ็อม(/ดิฉัน) เป็น
ผม(/ดิฉัน)เป็น ▢▢

นัก-สึกษา-
นักศึกษา
대학생

พา-นักงาน-น บอฺ-ริสัท
พนักงานบริษัท
회사원

แม่-บ้า-น
แม่บ้าน
가정주부

คฺรู-
ครู
교사

นัก-ข่าว
นักข่าว
기자

ทะนา-ย คฺวา-ม
ทนายความ
변호사

ทำงานอะหฺ-น ที-- ไหน คฺรับ(/คฺะ)
ทำงานที่ไหนครับ(/คะ)
어디에서 일을 하세요?

พ็อม(/ดิฉัน) ทำงานอะหฺ-น ที--
ผม(/ดิฉัน)ทำงานที่ ▢▢
에서 일합니다.

บอฺ-ริสัท ทัว-ร
บริษัททัวร์
여행사

โร-ง ริ-อา-น
โรงเรียน
학교

บอฺ-ริสัท
บริษัท
회사

โร-ง พฺยา-บา-น
โรงพยาบาล
병원

ร้า-น อา-ฮา-น
ร้านอาหาร
레스토랑

169

숫자

태국은 천 단위 지폐가 쓰이기 때문에 금방 10,000밧이 되므로, 만 단위의 숫자도 함께 익혀두자.

쑤ㄴ	능	써ㅇ	싸ㅁ	씨	하	혹
ศูนย์	หนึ่ง	สอง	สาม	สี่	ห้า	หก
0	1	2	3	4	5	6

쩻	빼ㅅ	까오	씹	씹엣	씹써ㅇ	씹싸ㅁ
เจ็ด	แปด	เก้า	สิบ	สิบเอ็ด	สิบสอง	สิบสาม
7	8	๙	10	11	12	13

씹씨	씹하	씹혹	씹쩻	씹빼ㅅ	씹까오
สิบสี่	สิบห้า	สิบหก	สิบเจ็ด	สิบแปด	สิบเก้า
14	15	16	17	18	19

이씹	싸ㅁ씹	씨씹	하씹	혹씹	쩻씹
ยี่สิบ	สามสิบ	สี่สิบ	ห้าสิบ	หกสิบ	เจ็ดสิบ
20	30	40	50	60	70

빼ㅅ씹	까오 씹	러이	판	므ㄴ	쌔ㄴ
แปดสิบ	เก้าสิบ	ร้อย	พัน	หนึ่งหมื่น	แสน
80	๙0	100	1000	10000	100000

화폐

타오라이 크랍(/카)
เท่าไรครับ(/คะ)
얼마예요?

패ー o 마ー ㄱ, 롯 하이 너ー이 크랍(/카)
แพงมาก ลดให้หน่อยครับ(/ค่ะ)
너무 비싸네요, 좀 싸게 해주세요.

● 태국의 화폐 단위 '밧(Baht: บาท)'

태국 화폐는 '밧(Baht)'이라고 부르며, 동전은 1, 2, 5, 10밧이 있고, 화폐는 20, 50, 100, 500, 1000밧이 있다. 이보다 더 작은 단위로 25, 50싸땅이 있으나 거스름돈 이외에는 잘 통용되지 않는다. 태국의 '푸미폰' 국왕이 서거하고 라마 10세 '와치랄롱꼰' 국왕이 왕위를 계승하면서 태국의 화폐도 2018년 4월 새롭게 출시되었다. 새롭게 바뀐 지폐와 동전을 미리 익혀두자.

● 지폐(ธนบัตร: 타나ー밧)

20 Baht	이ー씹 바ー ㅅ	**ยี่สิบบาท**
50 Baht	하ー씹 바ー ㅅ	**ห้าสิบบาท**
100 Baht	러ー이 바ー ㅅ	**ร้อยบาท**
500 Baht	하ー러ー이 바ー ㅅ	**ห้าร้อยบาท**
1000 Baht	판 바ー ㅅ	**พันบาท**

● 동전(เหรียญ: 리ー안)

25 Satang	이ー씹 하ー 싸따ー o	**ยี่สิบห้าสตางค์**
50 Satang	하ー씹 싸따ー o	**ห้าสิบสตางค์**
1 Baht	능 바ー ㅅ	**หนึ่งบาท**
2 Baht	써ー o 바ー ㅅ	**สองบาท**
5 Baht	하ー 바ー ㅅ	**ห้าบาท**
10 Baht	씹 바ー ㅅ	**สิบบาท**

시간

태국어로 시간 말하기

태국의 시간은 매우 복잡하다. 새벽, 아침, 정오, 이른 오후, 늦은 오후, 저녁, 자정으로 구분되기 때문에 오전/오후 구분은 의미가 없다. 어려운 태국어 시간을 그림으로 익혀보자.

떠ᄂ니ᄼ 까ᄼ 모ᅳㅇ 크랍(/카ᄼ)
ตอนนี้กี่โมงครับ(/คะ)
지금 몇 시예요?

차오ᄼ
เช้า
오전

바ᄼ이 / 옌ᄼ
บ่าย / เย็น
오후

씹엣 모ᅳㅇ 차오ᄼ
สิบเอ็ดโมงเช้า
오전 11시

티ᄾ앙 크ᅳᄂ
เที่ยงคืน
자정

띠ᄼ능
ตีหนึ่ง
새벽 1시

씹 모ᅳㅇ 차오ᄼ
สิบโมงเช้า
오전 10시

띠ᄼ 써ᅳㅇ
ตีสอง
새벽 2시

까오ᄾ 모ᅳㅇ 차오ᄼ
เก้าโมงเช้า
오전 9시

띠ᄼ 싸ᅳㅁ
ตีสาม
새벽 3시

빼ᄼㅅ 모ᅳㅇ 차오ᄼ
แปดโมงเช้า
오전 8시

띠ᄼ 씨ᅳ
ตีสี่
새벽 4시

쩻ᄼ 모ᅳㅇ 차오ᄼ
เจ็ดโมงเช้า
오전 7시

혹ᄼ 모ᅳㅇ 차오ᄼ
หกโมงเช้า
오전 6시

띠ᄼ 하ᄾ
ตีห้า
새벽 5시

ห้าสิบนาที 50분
ฮ้า—씹나—티—

ห้าสิบห้านาที 55분
ฮ้า—씹하— 나—티—

หกสิบนาที 60분
혹씹나—티—

ห้านาที 5분
ฮ้า— 나—티—

สิบนาที 10분
씹나—티—

ห้าทุ่ม 밤 11시
ฮ้า—툼

เที่ยง 12시(정오)
티—앙

บ่ายโมง 오후 1시
바—이 모—ㅇ

บ่ายสองโมง 오후 2시
바—이 써—ㅇ 모—ㅇ

สี่ทุ่ม 밤 10시
씨—툼

สี่สิบห้านาที 45분
씨—씹하— 나—티—

สามทุ่ม 밤 9시
싸—ㅁ툼

บ่ายสามโมง 오후 3시
바—이 싸—ㅁ 모—ㅇ

สิบห้านาที 15분
씹하— 나—티—

สองทุ่ม 저녁 8시
써—ㅇ툼

สี่โมงเย็น 오후 4시
씨—모—ㅇ 옌

หนึ่งทุ่ม 저녁 7시
능툼

หกโมงเย็น 오후 6시
혹 모—ㅇ옌

ห้าโมงเย็น 오후 5시
ฮ้า— 모—ㅇ 옌

ยี่สิบนาที 20분
이—씹나—티—

สี่สิบนาที 40분
씨—씹나—티—

สามสิบห้านาที 35분
싸—ㅁ씹하— 나—티—

สามสิบนาที 30분
싸—ㅁ씹나—티—

ยี่สิบห้านาที 25분
이—씹하— 나—티—

인용 자료

※위에 언급하지 않은 자료들은 저작자나 출판사가 저작권을 가지고 있습니다.

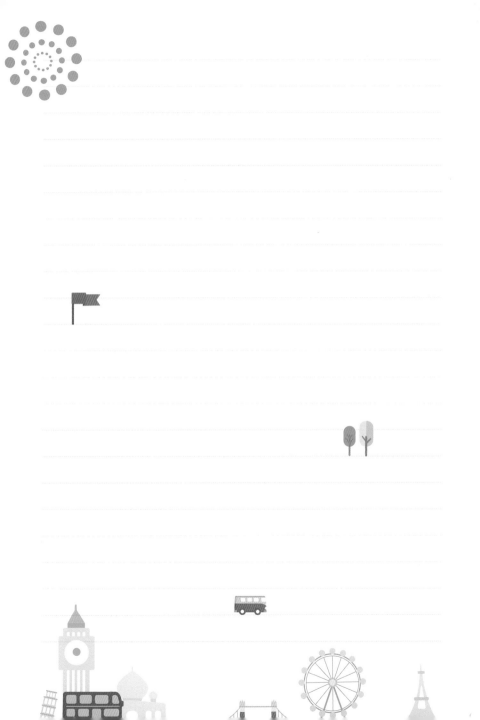

나의 여행 메이트(핸드북)

เที่ยวให้สนุกนะครับ(/คะ)

Have a nice trip!

여행 장소

여행 기간

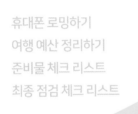

휴대폰 로밍하기
여행 예산 정리하기
준비물 체크 리스트
최종 점검 체크 리스트

휴대폰 로밍하기

01 통신사 해외 로밍

요즘은 별도의 해외 로밍 신청 없이도 자동으로 로밍이 가능한데, 불가능한 휴대폰도 있을 수 있으므로 통신사에 전화해 물어보는 것이 안전하다. 또한, 통신사마다 다양한 로밍 상품을 판매하므로 자신이 사용하는 통신사 고객센터로 전화하거나 홈페이지에 들어가 확인하면 된다. 로밍 신청은 출발하는 당일 공항의 로밍 센터에서도 역시 가능하다.

자동 로밍이 되지 않길 원하면 통신사에 미리 신청해 차단하거나 휴대폰에서 '데이터로밍 차단 설정'을 하면 된다.

통신사	로밍 전문 고객센터 전화번호
SK	02-6343-9000
KT	1588-0608
LG유플러스	02-3416-7010

02 태국 선불 유심칩(현지 SIM 카드)

로밍 대신 유심칩을 구매해 사용하는 방법도 있다. 한국에서 인터넷을 통해 미리 구입할 수 있고, 태국 공항이나 백화점 안에 있는 통신사 서비스센터에 가서도 구매 가능하다. 대표 통신사로는 'AIS', 'dtac', 'true move'가 있다. 유심칩은 체류 기간 및 데이터 용량에 따라 다양한 가격대의 상품(대게 만 원 이하)이 있으므로 자신에게 맞는 조건을 골라 이용하면 된다. 참고로 한국에서 인터넷을 통해 구매 후 국내 공항에서 수령하는 것이 가장 저렴하고 편리하다.

03 포켓 와이파이

해외 여행을 갈 경우에 제일 많이 이용하는 방법 중 하나이다. 여러 명이 함께 여행 가서 인터넷을 사용할 때 특히 편리하다.

여행 예산 정리하기

숙소	

합계 :

식비	

합계 :

교통	

합계 :

기타	

합계 :

Memo

여행 준비물 체크 리스트

• 필수품들	Check!
ex) 여권, 환전한 돈 등	

• 생활 필수품	
ex) 치약, 칫솔, 비상약 등	

• 의류 및 기타	
ex) 잠옷, 운동화, 선글라스	

• 여행 용품	
ex) 지도, 가이드북 등	

★ 가져 가면 좋을 것들!

① 비상약 : 소화제, 지사제, 일회용 밴드 등은 가급적 챙겨 가는 것이 좋다.

② 신용카드 : 현금이 부족한 상황이 발생할 수 있으므로 해외에서도 사용 가능한 카드는 가져 가는 것이 좋다.

③ 휴지 및 물티슈 : 공중화장실에 휴지가 없는 경우도 있고, 길거리 음식을 먹다 흘릴 수 있기 때문에 챙겨 가면 좋다.

최종 점검 체크 리스트

□ **여권**

출입국 시 반드시 필요하므로 출발하기 전에 다시 한번 점검하자.

□ **E-ticket**

사실 여권만 있어도 문제는 없으나 간혹 E-ticket을 보여 달라고 하는 경우도 있으므로 출력해 챙기자.

□ **서류**

만일의 사태를 대비해 여권 복사본, 호텔 예약서 등을 준비하자.

□ **여권 만료일**

태국은 무비자 체류 기간이 90일이므로, 여권 만료일이 6개월 이상 남아 있어야 한다.

□ **휴대용 배터리**

휴대용 배터리를 챙겨가면, 휴대폰뿐만 아니라 노트북 등 충전이 용이하다.

□ **충전기**

휴대폰 충전기나 연결 가능한 어댑터도 챙기자.

□ **밧(Baht)**

미리 한국에서 환전해 가는 게 가장 환율이 좋고 안전하다.

□ **필기도구**

입국 관련 서류를 작성하거나 메모할 때 생각보다 자주 필요하므로 볼펜은 하나 챙기는 것이 좋다.

□ **보조 가방**

여권이나 귀중품, 휴지 등 소지품을 넣고 다니기에 좋다.

※ 휴대용 배터리는 수하물로 부칠 수 없으므로 꼭 기내에 가지고 탑승하자.

긴급 연락처

출입국 신고서 작성법

태국 화폐 미리보기

태국에서 한국으로 전화하는 방법

생존 표현 20

긴급 연락처

태국 내 주요 긴급 전화번호

- 태국경찰 범죄 신고: 191
- 관광경찰 피해 신고: 1155(영어 지원)
- 교통사고: 1669
- 앰뷸런스 요청: 1691
- 회제 신고: 199
- 택시 등 대중교통 피해 신고: 1197

주 태국 대한민국 대사관

- 근무 시간: 2-247-7537-39
- 근무 시간 외: 81-914-5803

카드 분실 신고 전화번호

- KB국민카드 : +82-2-6300-7300
- 하나카드 : +82-1800-1111
- 우리카드 : +82-2-6958-9000
- 신한카드 : +82-1544-7000
- 롯데카드 : +82-2-1588-8300
- 삼성카드 : +82-2-2000-8100

※ 카드 분실 신고는 전화, 홈페이지, 스마트폰 어플 등을 통해서 가능!

태국 내 항공사 서비스센터

- 대한항공: 2-620-6900
- 아시아나항공: 2-016-6500
- 타이항공: 2-134-5483-4(수완나품 공항) 또는 0-5327-7900(치앙마이 공항)

※ 태국 국가번호는 +66이다.

출입국 신고서 작성법

출국카드(좌측)   입국카드(우측)

T.M.6 ตม.6 THAI IMMIGRATION BUREAU	บัตรขาออก DEPARTURE CARD		T.M.6 ตม.6 THAI IMMIGRATION BUREAU		บัตรขาเข้า ARRIVAL CARD
ชื่อสกุล Family Name ① 성			ชื่อสกุล FAMILY NAME ⑧ 성	ชื่อตัว FIRST NAME ⑨ 이름	ชื่อกลาง MIDDLE NAME ⑩ 중간 이름 (기재 ×)
ชื่อตัวและชื่อกลาง First & Middle Name ② 이름			เพศ/Gender ⑪ 성별(체크)□	สัญชาติ Nationality ⑫ 국적	หนังสือเดินทางเลขที่ Passport no. ⑬ 여권번호
วัน-เดือน-ปีเกิด DD MM YYYY Date of Birth ③ 생년월일			วัน-เดือน-ปีเกิด DD MM YYYY Date of Birth ⑭ 생년월일	หมายเลขเที่ยวบินหรือยานพาหนะ Flight no. ⑮ 입국 항공편명	วีซ่าเลขที่ Visa no. ⑯ 비자번호(기재 ×)
หนังสือเดินทางเลขที่ Passport no. ④ 여권번호			อาชีพ Occupation ⑰ 직업	เดินทางมาจากประเทศ Country Where You Boarded ⑱ 탑승 국가	สำหรับเจ้าหน้าที่ For Official Use
สัญชาติ Nationality ⑤ 국적			วัตถุประสงค์ของการเดินทาง Purpose of Visit ⑲ 방문 목적	ระยะเวลาพำนัก Length of Stay ⑳ 체류 기간	
หมายเลขเที่ยวบินหรือยานพาหนะ Flight no. / Vehicle no. ⑥ 출국 항공편명			เมือง/รัฐ ที่พำนักอาศัย / Residence City / State ㉑ 거주지 시도/국가	ประเทศที่พำนักอาศัย Country of Residence	
ลายมือชื่อ Signature ⑦ 서명			ที่อยู่ Address in Thailand ㉒ 태국 내 체류 조소		
			โทรศัพท์ Telephone ㉓ 연락처	อีเมล Email ㉔ 이메일 주소	
			ลายมือชื่อ Signature ㉕ 서명		
AB1234			เฉพาะชาวต่างชาติ กรุณากรอกข้อมูลครบทั้ง 2 ด้าน / For non-Thai resident, please complete on both sides of this card		AB1234

통계 조사(카드 뒷면)

เฉพาะชาวต่างชาติ / For non-Thai resident only

Type of flight 항공형태(전세기/정규편)

☐ Charter ☐ Schedule
전세기 정규편

Is this your first trip to Thailand? 태국 첫 방문 여부

☐ Yes ☐ No

Are you traveling as part of a tour group? 그룹 여행 여부

☐ Yes ☐ No

Accommodation 숙소 유형

☐ Hotel ☐ Friend's House
☐ Youth Hostel ☐ Apartment
☐ Guest House ☐ Others

Next city/Port of disembarkation...............

Purpose of Visit 방문 목적

☐ Holiday ☐ Meeting ☐ Sports
☐ Business ☐ Incentive ☐ Medical & Wellness
☐ Education ☐ Convention ☐ Transit
☐ Employment ☐ Exhibition ☐ Others

Yearly Income 연봉

☐ Less than 20,000 US$
☐ 20,001 - 60,000 US$
☐ More than 60,000 US$
☐ No Income

For Official Use / สำหรับเจ้าหน้าที่

IMPORTANT NOTICE
In accordance to Immigration Act, B.E. 2522

1. All passengers must complete the T.M.6 card.
2. The passenger must keep the departure card with his/her passport or travel document and present the card to the Immigration Officer at the Checkpoint at the time of departure.
3. If the alien stays in the Kingdom longer than 90 days, he/she must notify in writing to the nearest Immigration Office, concerning place of stay, as soon as possible upon expiration of 90 days. And required to do so every 90 days.
4. Aliens are not allowed to work unless they are granted Work Permit.

※태국 출입국 신고서 작성 시 꿀팁

1. 출국 카드와 입국 카드가 붙어 있어요. 출국 카드는 귀국 시 공항에 제출해야 하므로 잘 보관해야 합니다.
2. 출입국 신고서 작성 시 영문 대문자로 작성해 주세요.

밧(Baht, บาท)

1밧 หนึ่งบาท 능 바–ㅅ	2밧 สองบาท 써–ㅇ 바–ㅅ	5밧 ห้าบาท 하– 바–ㅅ
10밧 สิบบาท 씹 바–ㅅ	20밧 ยี่สิบบาท 이–씹 바–ㅅ	50밧 ห้าสิบบาท 하–씹 바–ㅅ
100밧 ร้อยบาท 러–이 바–ㅅ	500밧 ห้าร้อยบาท 하–러–이 바–ㅅ	1000밧 พันบาท 판 바–ㅅ

라마 10세 '와치랄롱꼰' 국왕이 왕위를 계승하면서 태국의 화폐도 2018년 4월부터 새롭게 출시되었다.

＊ 태국에서는 1밧 보다 더 더 작은 단위로 25, 50싸땅이 있으나 거스름돈 이외에는 잘 통용되지 않는다.

태국에서 한국으로 전화하는 방법

01 로밍 휴대폰 이용해 전화하기!

① 일반 전화로 걸 때

국가 번호(82) 누르고	⋯▶	지역 번호의 0을 뺀 상대방 전화번호 입력!

예) 서울(02)의 888-8888로 전화를 거는 방법은?

+82-2-888-8888

② 휴대폰으로 걸 때

국가 번호(82) 누르고	⋯▶	앞의 0을 뺀 상대방 전화번호 입력!

예) 010-8888-8888로 전화를 거는 방법은?

+82-10-8888-8888

※ 태국현지에서 현지로 전화를 걸 때는 지역번호 또는 식별번호 누르고 → 상대방 전화번호 입력!

02 와이파이를 이용해 전화하기

내가 이용하는 휴대폰이 스마트폰이라면 다양한 어플을 사용해 전화하거나 메시지를 전송할 수 있다. 와이파이가 제공되는 장소에서 이용하면, 무료로 이용할 수 있고 유심칩을 구매했다면 장소에 제한을 받지 않고 연락을 주고 받을 수 있다. 추천 어플로는 카카오톡, 라인, 위챗이 있다.

생존 표현 20

고마워요.
Thank you.

커-ㅂ 쿤 크랍(/카)
ขอบคุณครับ(/ค่ะ)

미안해요.
I'm sorry.

커- 토-ㅅ 크랍(/카)
ขอโทษครับ(/ค่ะ)

제 이름은 ~예요.
My name is ~.

폼(/디찬) 츠- ○○ 크랍(/카)
ผม(/ดิฉัน)ชื่อ○○ครับ(/ค่ะ)

저 태국어 못 해요.
I can't speak Thai.

푸-ㅅ 파-싸- 타이 마이 뻰
크랍(/카)
พูดภาษาไทยไม่เป็นครับ(/ค่ะ)

못 알아 듣겠어요.
I don't understand.

마이 카오짜이 크랍(/카)
ไม่เข้าใจครับ(/ค่ะ)

다시 한번 말씀해 주세요.
Say it again please.

추−아이 푸−ㅅ 이−ㄱ 크랑 크랍(/카)

ช่วยพูดอีกครั้งครับ(/ค่ะ)

저어, 실례합니다.
Excuse me.

커− 토−ㅅ 크랍(/카)

ขอโทษครับ(/ค่ะ)

화장실은 어디예요?
Where is the restroom?

허−ㅇ나−ㅁ 유− 티− 나이 크랍(/카)

ห้องน้ำอยู่ที่ไหนครับ(/คะ)

지하철역은 어떻게 가요?
How can I get to
the subway station?

빠이 싸타−니− 롯퐈이따이딘 야−ㅇ라이
크랍(/카)

ไปสถานีรถไฟใต้ดินอย่างไร
ครับ(/คะ)

사진 좀 찍어 주시겠어요?
Would you please
take my pictures?

추−아이 타−이 루−ㅂ 하이 너−이
크랍(/카)

ช่วยถ่ายรูปให้หน่อยครับ(/คะ)

생존 표현 20

이거 얼마예요?
How much is it?

안니– 타오라이 크랍(/카)
อันนี้เท่าไรครับ(/คะ)

할인해 주시겠어요?
Could you give me
a discount?

롯 다이 마이 크랍(/카)
ลดได้ไหมครับ(/คะ)

이걸로 할게요.
I'll take this one.

짜 아오 안니– 크랍(/카)
จะเอาอันนี้ครับ(/ค่ะ)

필요 없어요(됐어요).
No, thanks.

마이 아오 크랍(/카)
ไม่เอาครับ(/ค่ะ)

좋아요.
Okay.

오–케– 크랍(/카)
โอเคครับ(/ค่ะ)

메뉴판 주세요.
Could you give me
the menu, please?

커– 메–누– 크랍(/카)
ขอเมนูครับ(/ค่ะ)

이거 주세요.
I'll have this, please.

커– 안니– 크랍(/카)
ขออันนี้ครับ(/ค่ะ)

영수증 주세요.
Give me a receipt, please.

커– 바이쎗 크랍(/카)
ขอใบเสร็จครับ(/ค่ะ)

괜찮습니다.
That's okay.

마이 뻰 라이 크랍(/카)
ไม่เป็นไรครับ(/ค่ะ)

안 돼요.
I'm afraid not.

마이 다이 크랍(/카)
ไม่ได้ครับ(/ค่ะ)

MONTH

요일												
계획												

Mon	Tue	Wed	Thu

Fri	Sat	Sun	Check

MONTH

요일										
계획										

Mon	Tue	Wed	Thu

Fri	Sat	Sun	Check

Day 01

날짜 ⬭   목적지 ⬭

가는 방법   가서 해야 할 일

○ ⬭   ☐ ⬭

○ ⬭   ☐ ⬭

○ ⬭   ☐ ⬭

○ ⬭   ☐ ⬭

○ ⬭   ☐ ⬭

가서 사야 할 것   가서 먹을 것

하루 스케줄

예산 한도

오전　　　　　해야 할 일

오후　　　　　해야 할 일

지출 내역

Day 02

날짜

목적지

가는 방법

가서 해야 할 일

가서 사야 할 것

가서 먹을 것

하루 스케줄

예산 한도

오전   해야 할 일

지출 내역

오후   해야 할 일

Day 03

날짜

목적지

가는 방법

- ○
- ○
- ○
- ○
- ○

가서 해야 할 일

- ☐
- ☐
- ☐
- ☐
- ☐

가서 사야 할 것

가서 먹을 것

| 하루 스케줄 | | 예산 한도 |

오전　　　　　해야 할 일

오후　　　　　해야 할 일

지출 내역

Day 04

날짜

목적지

가는 방법

가서 해야 할 일

가서 사야 할 것

가서 먹을 것

하루 스케줄		예산 한도

오전   해야 할 일

지출 내역

오후   해야 할 일

Day 05

날짜

목적지

가는 방법

가서 해야 할 일

가서 사야 할 것

가서 먹을 것

하루 스케줄

예산 한도

오전   해야 할 일

지출 내역

오후   해야 할 일

Note

Note

개인 정보

이름

생일

국가

전화번호

여권 정보

영문 이름

여권 번호

여권 발행일

여권 만료일

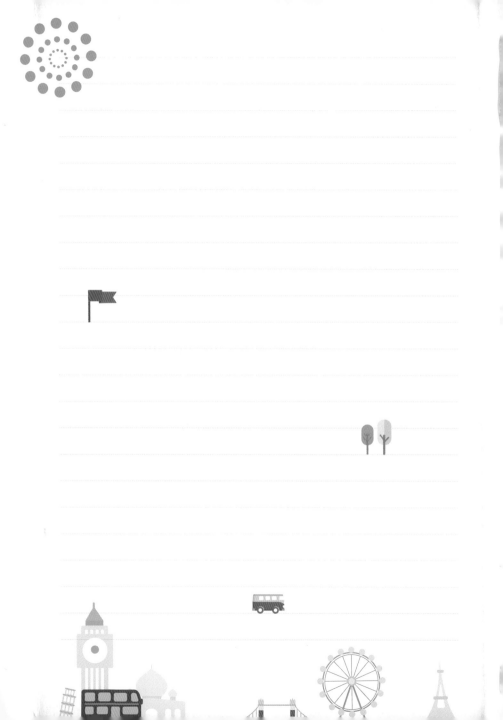